自己肯定感を育てる
たった1つの習慣

植西 聰

青春新書
PLAYBOOKS

はじめに

・周りの空気を読みすぎて、言いたいことを飲み込んでしまい後悔することが多い
・何人かに批判されそうになると、自分が正しくても謝ってしまい、後でイヤな気分になる
・いつも自信にあふれている人を見ると羨《うらや》ましいし、情なくなる
・どうも自分は「オドオドしてる」と思われているようだ
・「自分にはたいしたとりえもないしな…」と思うことがある

今、そんな気持ちを抱えているなら、「自己肯定感」の低さが原因かもしれません。
人生を生きる上で、自信は自分の心を守る鎧《よろい》のような役割をしてくれます。

ところが、自己肯定感の低い人は、自信を持つことができないため、あちこちで傷つき、ますます自信が持てなくなるという悪循環に陥りがちです。

きっと、これまでの人生で何度もつまずき、悩み、生きづらさを感じてきたことでしょう。また、誰にも気持ちを理解してもらえなくて、つらい思いも何度も感じたと思います。

しかし、その生きづらさは、能力や人間性とは何の関係もありません。

能力が高いから自己肯定感が高いかというと、そうでもないのは、もう皆さんもご存知だと思います。

能力は平均的でも、とても高い自己肯定感を持っている人は多いし、誰にでも優しくいつも明るく穏《おだ》やかな職場の人気者でも、意外に自己肯定感が低くて悩んでいるといった人もたくさんいるのです。

なぜそうなるのかといえば、幼い頃に育った環境などが原因で、心がマイナスの「勘違い」をしているのです。

逆に言うと、その勘違いが「真実ではない」ことに気づきさえすれば、本当の自分の価値がわかるようになり、「自信」が生まれるという〝プラスのスパイラル〟が始まるのです。

自己肯定感について考えるのは、怖いことかもしれません。

でも、目をそらしてはいけません。勇気を出して自分の心と向き合うことが、幸せになるための第一歩だからです。

この本は、自己肯定感が低いことが原因で今、生きづらさや苦しみを抱えている人たちが、自然に自己肯定感を上げていく方法を紹介するものです。

その方法とは、たった1つ、心にプラスの感情を増やすことです。

今からでも、決して遅くありません。

自分を好きになり、「私は幸せになれる人間だ」と自信を持って言えるようになる日は、必ず訪れるのです。

植西　聰

もくじ

第1章　すべては「思い込み」だった？

第2章 なぜ、他人の目が気になってしまうのか？

第3章

「自分のイヤなところ」がイヤなのは、自分だけ？

第4章

なぜ、あの人はいちいち気にしないのか？

第5章

セルフイメージが変わり始めるキッカケ

第6章

「足を引っ張ること」はこうすれば捨てられる

第7章
すぐ他人に振り回されなくなるコツ

第8章

心に〝プラスの力〟がわいてくる毎日の習慣

第9章

自己肯定感がさらに上がるヒント

第1章

すべては「思い込み」だった？

1 自信を持ちたいのに…

私は心理カウンセラーという仕事を通じて、これまで多くの方々の悩みを聞いてきました。

相談に訪れるほとんどの方が、自己肯定感が低く、自分の未来に希望を抱けないことで苦しんでいました。

自己肯定感が低い人とひとくちに言っても、その特徴は様々です。

幸せそうな人を見て、「あの人のようになりたい」「あの人はいいいな」といった憧れの気持ちを抱く人もいます。

自己肯定感がかなり低くなっている人の中には、

「いつも自信満々の人を見ると、調子に乗っているみたいでムカつく」

「あの人ばっかりうまくいって、ズルい」

と、自己肯定感の高い人に対して、憎しみの気持ちを持つ人もいます。

その心の奥には、「誰かに認められたい、ほめられたい、すごいと思われたい、好かれたい」という、人間なら誰でも持っている欲求があります。

認めてほしい気持ちを人一倍強く持っているのに、その願いが叶わないために、ストレスをためているのです。

そのストレスが、いつも楽しそうで、人間関係もうまくいっているように見える自己肯定感の高い人たちへの嫉妬となり、ひどくなると、憎しみに変わるのです。

実際に、クラスの人気者に対して、「見ているとムカつく」という理由でいじめっ子が意地悪をするというケースは珍しくありません。

そして、そんな自分のことを好きになれず、ますます自己肯定感を下げるという悪循環にはまってしまいます。

そういう人たちは、本当は自分を好きになり、自信を持ちたいのに、そのための方法がわからずに苦しんでいるのです。

2 「自己肯定度」をチェックしてみよう

自分は自己肯定感が低いのか、そうでないのかがよくわからないという人は、次の質問に、イエスかノーで答えてみてください。

□何かを決める時、自分の気持ちより周囲の空気に合わせることを気にしてしまう
□人から何か頼まれると「ノー」と言えない
□初対面の人に自分から話しかけるのが苦手だ
□本番で実力を発揮できないことが多い
□自分のことを好きではない
□キラキラしている人と自分を比べて落ち込むことがある
□やってみたいことがあっても、つい先延ばしにしてしまう
□人に何かを頼んだり、自分の要求を率直に伝えたりするのが苦手だ

□人からほめられると「お世辞を言っている」と思ってしまう
□目立ちたくなくて地味にしている

これらの質問からは、その人が自分の価値をどう考えているかがわかります。

そして、イエスの数が多い人ほど、自分に自信がない、つまり、自己肯定感が低い傾向が強いといえます。


もし、イエスがたくさんあっても、落ちこむ必要はありません。

自己肯定感の高さが、人としての価値を決めるものではないからです。

ただ、自己肯定感の低さが生きにくさにつながっているのなら、改善していくといいでしょう。

そのための方法は、いくつもあります。

3 なぜ、あの人は優秀なのに「低い」のか？

「あの人に比べて、私の人生はなんて平凡でつまらないんだろう」
「たいしたとりえもないから、この先もきっと、幸せにはなれないだろう」
「やってみたいことがあるけど、どうせうまくいかないからやめておこう」

自己肯定感が低い人は、そんな風に、今の自分の置かれた状況にも、未来の自分についても、明るいイメージを持ちにくい傾向があります。

そのため、自分に自信を持つことができません。

それが原因で仕事がうまくいかない、人間関係のトラブルが多い、恋愛でも自信が持てないなど、生きづらさを抱えている人も多くいます。

一方、自己肯定感が高い人というのは、「私は今の私のままで素晴らしい」という考えを持っているため、いつも自信にあふれて、堂々としているように見えます。

また、「自分ならできる」という自信があるため、色々なことに挑戦して、人生を楽しんでいる人も多いです。

そして、自己肯定感が低い人と高い人では、どちらが幸せを感じる時間が多いかというと、高い人です。

幸せを感じるだけでなく、実際にやりたいことを仕事にしたり、恋愛でうまくいったり、夢を叶える機会も多くなります。

ここでポイントとなるのは、自己肯定感が高い人が、実際に何か高い能力を持っているわけではないということです。

逆に、自己肯定感が低い人が、何か人として劣っているということもありません。

自己肯定感の高さや低さを決めるのは、その人の「思い込み」だけであり、そこには何の根拠もないのです。

4 「いま低いから今後も低い」は、思い込み

「いつも不安な状態で、ちょっとしたことでドキドキしてしまう」

「周りの人の発言が常に気になってしまう」

自分に自信がない人は、これといった不幸な出来事が起こらなくても、このように、マイナスの感情を抱きながら日々を生活しています。


なぜ、マイナスの感情から逃れられないのでしょうか？

それは、心の奥底で、「私はダメな人間だ」「また失敗したらどうしよう」と考えているからです。

「自分が嫌いだなんて、悲しいことだ」と感じる人もいるかもしれません。

しかし、自分自身が気づいていないだけで、こういう人は意外と多くいます。

そういう人が自己肯定感を高くするための第一歩、それは、「私は変われる」と信じる

ことです。

人生は、過去から未来へと一本の道でつながっているように感じている人は多いと思います。

最初が不幸で、今もつらいなら、この先もずっと同じような未来が続いていくと思ってしまいがちです。


しかし、実際にはそんなことはありません。生まれてから死ぬまで、人生には何度も変化が訪れます。実際に、人間の脳は、死ぬまで進化するそうです。

ですから、これまで苦しいことが多かった人も、この先の人生でたくさんの幸せな時間を感じることはできるのです。

人の脳は、明確な目標を持つと、それを叶えるためのスイッチが入ります。

「自己肯定感の高い自分になる」ということを決意して、それが現実になると信じることが大切です。

5 「あの人のせい」は時間のムダ

子供時代にどんなふうに育ったかが、その人の自己肯定感に大きな影響を与えます。

影響を受けるのは、親からとは限りません。

中には、勉強が苦手だったり、友だちとのトラブルがあったりして、学校の教師から厳しいことを言われ続けて、自己肯定感が低くなってしまったという人も少なくありません。

特に日本の学校教育は、子供の自己肯定感を上げにくいスタイルだといわれています。

全てに平均以上を求められるからです。

いいところを伸ばすことよりも、ダメなところやできないことを指摘されることが多いし、そのことを厳しく注意する先生も少なくありません。

人と違うことを言ったり行動したりしようものなら、

「みんなと違うことをするな、好きなことではなく、やるべきことをやりなさい」

「ルールが守れない子供は、社会でも通用しないぞ」

などと叱られます。

そうやって、自分の言動を否定されると、独創的な子供は、

「自分はダメな人間なんだ」

「立派な大人になれないんだ」

と、どんどん自信を失ってしまうのです。

このほかにも、その人の持って生まれた資質や、育った環境など、様々な要因が考えられます。


ただひとついえるのは、原因がどうだったにせよ、解決策はあるということです。

原因さがしをして誰かを恨むのは、大切な時間を無駄にすることになります。

同じ時間を使うなら、自分を好きになるために、前向きに色々なチャレンジをすることです。

6 「思い出したくないこと」が消えていく習慣

自己肯定感の低い人の中には、過去の悲しい記憶にふたをして、ずっと閉じ込めたままでいる人がいます。
そういう人は、思い切って、過去の経験を吐き出してみる方が、これからを前向きに生きることができます。

過去に、ショックだった出来事
恥ずかしかった出来事
後悔していること

すべて、思い出したくないことかもしれませんが、そのままにしておいても、なかったことにはなりません。

忘れたふりをしても、何もしなければ、心の奥にはずっと、暗い感情として存在し続けてしまうのです。

ですから、思い出したくない経験は、「なかったこと」にしてはいけないのです。

では、どうしたらいいかというと、つらかった過去を淡々とノートに書き出しみるといいと思います。

そして、それを読みながら、「つらかった」「苦しかった」とこみ上げてくる感情をただ感じてみるのです。

また、お風呂の中や、寝る前など、一人になれる時間に目を閉じて、悲しい表情をしている幼い頃の自分を抱きしめてあげる場面を、イメージすることもおすすめです。

「あなたはよくやった」、「がんばったね」と幼い頃の苦しんでいた自分をたくさんほめて、慰めてあげるのです。

それを繰り返すことで、過去の傷は小さくなっていくと思います。

最初は涙が出てきてつらいかもしれませんが、涙を流す度に心は浄化されていきます。

7

「家族と仲が悪い＝自分が悪い」と悩まなくていい！

家族とうまくいっていないという人の中には、

「親子なんだから仲良くしなければいけないのに、それができない自分はおかしい」

「きょうだいとうまくいかないのは、自分のせいだ」

という思い込みに縛られている人がけっこういるものです。

こういう人は、「いくら家族でも、価値観がまったく同じわけではない。わかりあえなくても仕方がない。無理に仲良くしようと考えなくてもいい」と考えていいのです。


家族だろうが兄弟姉妹だろうが、相手を無理に好きになろうとすると、思い通りにいかず、悩むことになります。

人間の赤ちゃんは、栄養を充分与えて快適な環境に寝かせていても、声をかけたり抱っこしてくれる人がいないと、うまく生きられないそうです。

そう考えると、今生きているすべての人は、赤ちゃんの時には、愛されていたことがあるのです。

しかし、その後、様々な要因で状況が変わってしまうこともよくあります。

縁あって、同じ家族として生まれても、別々の人間なのです。それぞれに、違う人生があるのです。

「私は長女として、しっかりしなくてはいけない」などという責任感から、自分をがんじがらめにする必要もありません。

家族のことが心配なら、心の中で家族の幸せを願うだけで十分です。自分を犠牲にする必要はありません。

家族との問題を、自分の中で大きくすることはやめて、もっと、意識を自分自身の人生に向けるとよいのです。

8 「学習性無力感」はいつからでもクリアできる

自己肯定感が低いことで悩んでいる人たちの中には、過去に何度か、やりたいことにチャレンジしたのに、それが叶わなくて、ますます自信を失うことになったという経験を持っている人がいます。

そういう人に、「自信を持って」と声をかけても、「そんなの無理ですよ」と言って、聞く耳を持とうとしません。

過去の失敗経験が、心に深い傷をつけてしまったためです。

有名な魚の実験があります。

魚の入った水槽に餌を入れると、魚は当然、それを食べます。

しかし、水槽の中にガラスの仕切りを入れて、魚が餌がある方に行けないようにすると、魚は何度かガラスの仕切りにぶつかって、そのうちに餌を食べることをあきらめてしまいます。

そして、少したってからガラスの仕切りを外しても、魚はもう、餌を取りに行かなくなります。

これは、魚が最終的に「挑戦しても無駄だ」とあきらめてしまったからです。これを、「学習性無力感」と呼びます。

もちろん、この実験の結果をそのまま人間に当てはめるのは少し無理がありますが、人間についてもある程度同じようなことが起こると考えられています。

自己肯定感が低い自分に慣れてしまっている人は、この魚のような状態で、「自信にあふれた自分になること」をあきらめていることがあります。

しかし、「学習性無力感」を拭《ぬぐ》い去ることは可能です。

ポイントは、「自分はできる」という自己暗示にあります。

9 「セルフイメージ」は、いつでも書き換えられる！

「自分はこれからどんどん幸せになる」「自分を好きになっていける」と本気で思えるようになるには、セルフイメージを書き換えていくことが効果的です。

私たちは、自分自身に対してさまざまなイメージを持っています。

「私は粘り強く、少々のことではあきらめない性格だ」

「私はいつも落ち着いていて、あまり焦ることのないタイプだ」

このように、自分の性格をプラスにとらえている人は、いわゆる「セルフイメージが高い」と言われています。

セルフイメージが高いと、悩みごとがあったり、苦労したりすることがあっても自分を信じて前進することができます。

一方で、自分自身にマイナスのイメージを持っている人は、「セルフイメージが低い」

と言えるでしょう。「私は何をやっても中途半端で、人に助けてもらわないと最後まで頑張りきれない」「皆に迷惑をかけることが人より多い」という具合です。

そのため、苦しい状況に立たされると「もう無理だ。こんな自分が乗り越えられるはずがない」と弱気になってしまうのです。

しかし、このセルフイメージは、いつでも書き換えることができます。

今からでも、自分で自分をほめたり、過去の成功体験を思い出したり、新しい成功経験を重ねたり、周りの人といい関係を築くことで、少しずつセルフイメージが高まっていくはずです。

セルフイメージは、ずっと固定されているものではありません。

自分の工夫次第でプラスの方向に変えていけるのです。

どんな人でも、自分を好きになることはできるのです。

第2章

なぜ、他人の目が気になってしまうのか？

1 わかっていても、つい気になる理由

自己肯定感が低い人は、自分よりも他人のことを優先させる傾向が強いと言われます。

例えば、本当は体調がよくないのに、頼まれると断れずに、毎日のように残業をした上で、休日出勤も当たり前という状況になってしまった女性がいました。

その女性は自分に自信がなく、「自分はまだまだ一人前じゃないんだから、残業を頼まれたら無理をしてでもやらなければ会社に迷惑がかかる」と思っていたのです。

しかし、終電で帰るのが当たり前のような生活をしているうち、ついにはうつ病になってしまいました。

体調が悪くなった時点で、自分の心は「休みたい」というサインを出していたのに、それを無視していたせいで、とうとう限界を超えてしまったのです。

自己肯定感が低い人は、このように、自分の親や会社、世間の評価などを優先するあま

り、自分の気持ちをいつも抑え込んで、心や体に負担をかけてしまうケースが少なくありません。

そして、無理がたたって体や心の調子を崩し、
「また失敗してしまった」
「私はいつもみんなに迷惑をかけてしまう」
と、ますます自己嫌悪に陥るという悪循環に陥ってしまいます。

「人に迷惑をかけないように」と親や教師から厳しく言われ続けて育ってきた人は、特にこの傾向が強くなることがあります。

しかし、このように、自分の本当の気持ちを無視する生活を続けていると、自己肯定感は上がっていきません。

自己肯定感を上げるためには、他人に合わせてばかりいるのではなく、「自分の気持ち」を基準に取り入れて、行動することが大切なのです。

2 「何を感じたか」をメモすると…

長い間、自分の気持ちを無視して生きてきた人は、自分が何をしたら嬉しくて、何をしたらつらくなるのかが、わからなくなっている場合があります。

そういう人におすすめなのが、短くてもいいので、毎日、日記を書いてみることです。

日記を書くと、それまでは気づかなかった「自分の行動とその後で感じる気持ち」の関係を、客観的に見ることができるからです。

ポイントは、その日に何をしたかという記録だけでなく、そのときに感じたことも一緒に書くことです。

毎日、書いていると、自分は何をして、誰といて、どんなことを言われると嬉しくなる（プラスの感情が心に増える）のか？

逆に、どんなことをしたり、されたりすると嫌になる（マイナスの感情が心に増える）

のかが、わかってくると思います。

それができたら、次に、「本当はこうしたかった」「こうすればよかった」というような、反省も書いていきます。

「今日は取引先の人から、仕事が丁寧だと言われて嬉しかった。恥ずかしくて否定してしまったが、『ありがとうございます』と言えばよかった。次はそうできるといいなあ」

「今日は大学時代の苦手な同級生から電話がかかってきた。本当はイヤだったけど、1時間もグチを聞いたので、電話を切った後、ドッと疲れた。彼女から夜遅くにかかってきた電話には次から出ないようにしよう」

というような感じです。

そしてときどき、過去に書いたことも見直してみるのです。

心は正直です。

日記を書いて、自分の気持ちを客観的に見てみると、自分らしく生きるためのヒントが得られるでしょう。

3 「迷惑をかけない」ために生きている？

他人に合わせるより、自分のやりたいことを優先することの方が大事という話をしても、すぐにそれを実行できる人ばかりではありません。

例えば、「やることがたくさんあって忙しいので、自分のことに目を向ける時間なんてない」という人がいます。

しかし、その「たくさんのやること」は、本当に大切なことなのでしょうか？

冷静になって考えてみると、それほど重要ではないことがまざっていたりするものです。

この話を聞いて、少しだけ自分のルールを変えた人がいます。

自宅で仕事をしている30代の母親です。

「以前は、子供が泣いている時に仕事の電話がかかってくれば、子供を放っておいて電話を取っていました。でも、今はそういう時の電話は無視しています。少しくらい仕事先に迷惑をかけても、子供と過ごす時間を大切にしたいと思ったからです」

彼女は、子供と過ごす時間を大切にできる自分のことを、前よりも好きになれたそうです。しばらくしてから必ずコールバックするので、クレームが出ることもありませんでした。

自己肯定感の低い人は、「人に迷惑をかけること」に対して、罪悪感を抱いてしまうことが多いようです。

日本人の多くは、「人に迷惑をかけるのはよくないこと」と言われて育ちます。親が厳しい人だった場合、特にその刷り込みが強くなるのでしょう。

そういう人に伝えたいのは、**仕事に支障がなく、たいしたことでなければ、少しくらいの迷惑はかけてもいい**ということです。

インドでは、「お前は人に迷惑をかけて生きているのだから、人のことも許してあげなさい」と教えられるそうです。

この考え方を取り入れることで、自分にも人にも優しくなることができます。

4

一日一度、自分自身とアポをとろう

人には誰でも、一人になる時間が必要です。

一日の中に、一人きりでホッとできる時間があると、それだけでも日々のストレスは減っていきます。

しかし、それができる人は、多くありません。

家族と暮らしていれば、家にいる間も一人にはなりにくいでしょうし、職場でも同じです。

独身でも、恋人がしょっちゅう連絡をしてくるようだと、落ち着かないでしょう。

そう考えると、一人で静かに過ごせる時間というのは、意外と貴重なものといえます。

家族や恋人がどんなに大切な存在でも、ずっと一緒となると、必ずといっていいほどストレスが生じます。

ですから、自分で意識的に一人になれる時間を作ることが大切なのです。

一人の時間に何をするかというと、朝ならその日にやることを整理したり、夜ならその日あったことを振り返ったりします。

悲しいことや苦しいことがあった時は、自分を慰めて、気持ちを落ち着けます。

頑張った日は、自分をほめてあげます。

何かを決める時は、自分は本当はどうしたいのか、そのためにはどちらを選べばいいか、自分の心に聞いてみます。

そうやって心と向き合う時間を取ることで、他人に振り回されることが減っていきます。

ある主婦は、家族が誰も起きていない早朝に、家の周りを散歩して、自分ひとりの時間を作っているそうです。

ある独身の女性は、会社から家に帰る間に、なじみのカフェで一息つく時間を設けています。近くにいい場所がなければ、家のお風呂や公園のベンチでもかまいません。

意識的に、自分の心の声を聞く習慣を持つことが大切です。

5 「どっちが得か」より「どっちが面白いか」

「どうやったら収入が増えるだろうか」
「どっちの方が上司に評価されるだろうか」
「どっちの方が異性からモテるだろうか」
「どっちの選択が損をするリスクが少ないだろうか」

そんなふうに、効率を優先してばかりいると、自分の心が本当に望んでいることがわからなくなってしまいます。

そして、自分の本心がわからない状態が続くと、自分でも気づかないうちに、ストレスを感じて、心にマイナスの感情を増やすことになります。

お金持ちになること、異性からモテること、会社で出世すること、リスクのない人生を進むことは、一見、幸せになる近道のように見えます。

しかし、実際にはそうとは限らないのです。収入はそんなに多くなくてもやりたい職業に就く、ほかのことを少々がまんしてでも好きな趣味を続けるなど、合理的でない道がその人にとって幸せということもあります。

これまで、効率を優先してきたけれど幸せを感じられないという人は、「損か得か」ではなく、「面白そうか、面白くなさそうか」を判断の基準にしてみるといいでしょう。

イメージとしては、ネコのマネをしてみるといいと思います。

ネコは飼い主に呼ばれても、機嫌が悪いときは近づかないことからもわかるように、「こうやったら得をする」というような計算高いところが見られません。

ネコは、究極の自分らしい生き方をしている動物なのかもしれません。

フリーランスの人が「面白くなさそう」という理由で依頼を断れば、損をすることもあるでしょう。

でも、それでいいのです。自分の心に正直になることは、心にプラスの感情を増やすので、長い目で見れば、自分を幸せにすることにつながります。

6

情報に振り回されないために

最近はインターネットから多くの情報を得ている人が多いようです。

その他、新聞、テレビ、ラジオ、雑誌などからも様々な情報が入ってきます。

間違いなく言えるのは、現代人は毎日、大量の新しい情報をインプットしているということです。

その中には、私たちの考え方や生き方に影響を与えるようなものも多くあります。

ある女性が、元気のない様子でこんなことを言っていました。

「ボーナスで高級ブランドのバッグを買ったんですが、ローンの支払いがきつくて後悔しています。雑誌で特集を組まれているのを見て欲しくなったんですが、冷静に考えれば、普通のＯＬの私には何十万円もするバッグなんて必要ありませんでした」

ある意味、素直なのでしょう。

しかし、別の見方をすれば、メディアの流す情報に振り回されているのです。情報は、自分が活用して、生活に生かしていくためのものです。伝えている内容が、自分の考えていることと違っても、本来ならば気にする必要などありません。

しかし、自分の軸を持っていない人は、「みんなが持っているから」「流行から外れていると思われたらいやだから」というような理由で、自分の行動を決めてしまいがちです。

自分の気持ちを惑わす情報はいくらでも入ってきます。そのたびに、心を揺さぶられているようでは、お金がいくらあっても足りません。

自分の生き方は、他人やマスコミが決めるものではありません。自分の心が決めるものです。

あふれる情報に振り回されないで、自分の頭で考え、「自分はこれがいい」と思える生き方を探していくことが大切です。

7 「親孝行したい」に潜む罠《わな》

何かを決める時、常識にこだわりすぎると、自分を見失うことがあります。

大切なのは、それが常識かどうかではなく、「自分はどうしたいのか」ということです。

何か行動を起こす時、「それは常識だから」という理由では、心の声を聞いたことにはなりません。

極端な話、常識的にどんなにいいと思われていることでも、どうしてもやりたくないことなら、やる必要はないのです。

たとえば、「親孝行」は、一般的にはもちろんいいことです。

しかし、「親孝行したい」という理由で、自分の気持ちを無視して、親のすすめてくれた職業や結婚相手を選ぶことが、自分の幸せにつながるとは限りません。

反対に、「自分がやりたいから」という理由でしたことは、どんな結果になっても、心は喜びます。

例えば、「会社をやめて留学する」ことは、本人にとってはやりたいことでも、周囲から見たら「バカげたこと」に見えるかもしれません。

しかし、それを実行した本人は、満足感や達成感を感じられるはずです。

つまり、「やりたいから」という理由で自分の行動を決めている人の心には、どんな結果になっても、プラスの感情がたまっていくのです。

もちろん、「私がやりたいから」という理由で何かを始めることには、責任が生じると思います。

失敗しても、誰も同情してはくれませんし、必死でやってもほめてもらえないと思います。

しかし、自分の心が喜びます。それが、何よりも大切なのです。

常識と違っても、「私はこういう理由でこれをやりたいのです」と、自分の気持ちを語れるような道を選ぶことが大切です。

自分の人生にとって、何が正しいかは、自分自身が決めることなのです。

8

「やりたくないこと」をリストアップしよう

自分のやりたいことがわからないという人は意外と多くいます。

それまで、自分の気持ちを無視して生きてきてしまうと、自分が何をしたいのかを感じる感覚が麻痺《まひ》してしまうからです。

「母親の期待に応えるため」

「上司に怒られないため」

「世間の常識から外れないようにするため」

そういう、自分の気持ちとは違う何かを基準に、自分のやることを決めてきた人は、「自分の価値観」が曖昧《あいまい》な人が多いのです。

そういう人はまず、「やりたくないこと」をやめてみることから始めるといいと思います。

それだけでも、ストレスが減り、心にマイナスの感情が増えていくのを防げます。

ある30代の女性は、「怒ったり怒られたりすること」が大の苦手でした。

ところが職場はノルマの厳しい販売会社で、いつも上司が部下を怒鳴りつけていました。その声を聞くたびにドキッとして、心にマイナスの感情が増えていました。

ストレスで体調を崩し、思い切って学生時代にアルバイトをしていた会社に転職することにしました。

社長が穏やかな人で、当時、とても安心した気持ちで働いていたことを思い出したのです。

収入は少し下がりましたが、静かにやるべきことをやっていれば、一日が過ぎていくその環境に、彼女はとても満足しています。

このように、自分の心が苦しんでいるなら、そこから離れることも時には必要なことなのです。

9 「イヤなことから逃げる」も自己肯定感を育てる

イヤなことをやめると、心にマイナスの感情が増えることを防げます。

また、自分の決断でイヤなことをやめて気持ちが安らいだという経験が、自己肯定感を育てます。


しかし、それだけでは自信を持つまでにはいたりません。

なぜなら、イヤなことをやめても、心にプラスの感情を増やすことにはならないからです。


上司が嫌いだから会社を辞めた。

恋人の干渉がうるさいから別れた。

友人に気をつかうのが面倒で縁を切った。

うるさいことばかり言うから両親にはめったに会わない。

野菜はおいしくないから食べない。

そうやって、やりたくないことに敏感で、すぐに逃げ出す人たちがいつも幸せを感じて生きているかというと、残念ながら違います。

心が弱っている時は、それでもいいのです。まずは、つらいことから離れることで、自分を守ることも大切です。

しかし、生活の中でマイナスの感情が減ってきて、自分のことを嫌いではなくなってきたら、ぜひ、次のステージを目指してみましょう。

具体的には、自分の心が喜ぶことを見つけて、それを実行するのです。

幸せな人とは、「イヤなことから逃げている人」ではなく、「自分の心が喜ぶことをしている人」です。

そして、自分の心の声を聞いて行動していると、自分の軸が定まってきて、自分らしさが輝いてくるのです。

第3章

「自分のイヤなところ」がイヤなのは、自分だけ？

1

「高い人」は、何もしてないのに高い？

自己肯定感が高い人の心と、低い人の心には、ある決定的な違いがあります。

そのひとつは、自分の軸を持ち、それを優先して生きているかどうかです。

そして、もうひとつの大きな違いが、「**心の状態**」です。

簡単に説明すると、心の状態がプラスになっているか、マイナスになっているかの違いです。


私たちは毎日、数えきれないほど多くの選択をして、行動し、人と交流し、色々な感情を抱きます。

そのたびに、心の中にはプラスの感情が生まれたり、マイナスの感情が生まれたりします。

例えば、ステキなカフェでおいしいものを食べた時、その人の心にはプラスの感情が増えます。

しかし、その帰り道に、携帯電話を落として壊してしまったら、マイナスの感情が増えるでしょう。

そうやって、毎日の暮らしの中で、プラスとマイナスの感情が増えたり減ったりしながら、私たちは生きているのです。


この心の状態は、自己肯定感にも大きな影響を与えます。

シンプルにいえば、「自己肯定感が高い人」は、心の状態がプラスになるような考え方や行動をしています。

逆に、「自己肯定感が低い人」は心の状態がマイナスになるようなことをしています。

感情は物理的なものではありませんから、目には見えません。

しかし、面白いことに、心にプラスの感情が一杯の時、その人はキラキラと輝いて見えます。

プラスの感情は光のようなもので、マイナスの感情はその光を消す闇のようなもの、と考えるとわかりやすいかもしれません。

2 プラスとマイナスのどちらが多いか

ここで、心の仕組みについて詳しく説明します。

「喜怒哀楽」という言葉もあるように、人は誰でも、さまざまな感情を抱きながら人生を歩んでいます。

その感情には、大きく分けて「プラスの感情」と「マイナスの感情」の2種類があります。

「プラスの感情」とは、別の言い方をするとポジティブということです。

「嬉しい」、「楽しい」、「幸せ」、「おいしい」、「キレイ」、「ありがたい」、「好き」といったような明るい感情を指します。

一方で、「マイナスの感情」は、ネガティブです。

「つまらない」、「悲しい」、「イライラする」、「ツイてない」、「嫌い」、「つらい」といった暗い感情のことをいいます。

たいていの人の心の中には、プラスの感情とマイナスの感情が両方混ざっていて、その状態が普通です。

しかし、自分に自信がある人は、心の中にプラスの感情（プラスのエネルギーの素）をたくさん持っていて、マイナスの感情（マイナスのエネルギーの素）が少ないのです。

つまり、「自己肯定感の高さ」というのは、心の中にプラスの感情がたくさんあるかどうかで決まってくるというわけです。

これを逆に考えると、**心の状態をプラスにするような言動を意識的に増やすことで、今、自己肯定感が低い人でも、その状況を変えていくことができます。**

これまでの人生でずっと、マイナスの感情ばかり心に積み上げてきてしまった人は、その考え方のクセを、今日から変えることが大切です。

何かを始めるのに、遅すぎるということはありません。

今からでも必ず、自己肯定感の高い人間になることができます。

3 心がプラスになること、マイナスになることを書き出してみよう

自分の心が何をするとプラスになって、何をするとマイナスになるのかを理解している人は、意外と多くありません。

自分の心は、どんなときに嬉しさや楽しさを感じて、プラスの感情が増えるだろうか？

反対に、どんなことをすると、イヤな気持ちになったり、疲れたりして、マイナスの感情が増えてしまうだろうか？

自己肯定感の低い人は、自分の気持ちよりも他人の言うことを聞くことに注意を払ってきたために、そういうことを考えずに、これまで生きてきたという人が多いのです。ここが、「高い人」との一番の違いです。

しかし、自己肯定感を高くするためには、自分のことをよく知り、自分を喜ばせる機会を増やしていくことがとても大切です。

ここで注意したいのは、人にはそれぞれ個性があるので、同じことをしても、受け止め方が違うということです。

ディズニーランドに行くのが何よりの楽しみという人もいれば、人混みが苦手で、一人で静かに音楽を聴くのが楽しいという人もいます。

おいしいものを食べることが何よりの喜びという人もいれば、料理には興味がなくて、部屋で好きな作家の本を読むことでワクワクするという人もいます。

また、若い女性は、恋愛で成功することが喜びに直結すると思い込んでいることがあるようですが、中には恋愛よりも趣味に生きる方が自分には合っている、という人もいます。

つまり、世間の常識が、自分にも合うとは限らないということです。

なんとなく、自分の心がプラスになることとマイナスになることはわかるけれど、しっかりと考えてみたことはなかった、という人がほとんどだと思います。

早速、自分の心がプラスになることを書き出して、生活習慣として取り入れるといいでしょう。

4 どんな人の考え方も「なくて七癖」

「心をプラスの状態にしましょう」と言うと、「日常生活の中で嬉しいことなんて滅多に起こらないから無理です」と言う人がいます。

しかし、嬉しいことが起こらなくても、心をプラスにすることはできます。なんでもないように見える出来事の中に、嬉しいことを見つければいいのです。

幸せそうな人を見ると、自分よりも恵まれた環境にいるような気がします。

しかし、実際はそうではなく、同じような世界にいながら、まったく違う気持ちを感じて生きている可能性も高いのです。

同じ職場で同じ給料なのに、幸福度が人によって違うのはそのせいです。

似たような毎日を送っていても、幸せそうな人と、そうでない人がいます。

雨が降ったときに、「雨が降ると外出するのが億劫でイヤだなあ」とマイナスに捉《とら》える人もいれば、「しばらく雨が降っていなかったから、明日はキレイな空が見られるだろう」とプラスに捉える人もいます。

それはつまり、その人自身の考え方の問題なのです。

子供の頃に周りの大人が物事をマイナスに捉える傾向が強かった人は、その影響を受けていることがよくあります。

それは考え方のクセのようなものなので、自覚がない場合もあります。気づいたとしても、すぐに直すのは難しいかもしれません。

しかし、プラスに考えることができる人の方が、心にプラスの感情が増えるので、自己肯定感も上がりやすいのです。

マイナスに考えるクセを持っている人は、少しずつ変えていけるよう努めてみるといいと思います。

5 あれこれ考えずに「プラスの意味を見つける」

イヤなことがあっても、平気な人と、そうでない人がいます。

平気な人というのは、自己肯定感の高い人です。

他人に何をされても、言われても、プラスの意味づけをするので、いつも笑顔でいることができます。

例えば、車の運転をしていて、後ろからクラクションを鳴らされたとしましょう。

自己肯定感の高い人は、「後ろの人、急いでいるみたいだな。少しよけて、通してあげよう」とおおらかに考えて、自分のストレスにすることがありません。

しかし、自己肯定感が低い人は、「バカにしてんの？」などと悪い方に推測して、イライラを溜め込んでしまうのです。

そうならないためには、日頃から、プラスの考え方を身につけることが大切です。

そのために一番良いのは、何かイヤなことが起こった時に、意識的に自分の中で、プラスの意味づけをしてみることです。

例えば、怒りっぽい上司からイヤミを言われた時、いつもだったら、「なんだよ。相変わらずイヤなやつだ」と思うかもしれません。

でも、ここでちょっと考え方を変えて、「いつもなら1分はかかるのに、今日は珍しく一言ですんでラッキー」というふうに捉えてみればどうでしょう。

とたんに、ムカムカの原因だった上司のイヤミが、小さなものに思えるかもしれません。

こんなふうに、心の中に、「イヤだなあ」という気持ちがわいてきたら、まずはあれこれ考えずに、すぐにそれを打ち消して、プラスの意味づけをしてみましょう。

起きた事実は仕方がないことです。

でも、見方をプラスに変えることによって、悩みも消えてしまうのです。

そして、この考え方が習慣化すると、心にはどんどんプラスの感情が増えていきます。

6 じつは、自分を嫌っているのは自分だけ？

人は誰でも、24時間、自分自身から離れることができません。

ですから、自分のことが嫌いな人は、いつもストレスをためて、心にマイナスの感情を増やしてしまいます。


そういう人に知ってほしいのは、自分の性格でイヤだと思っているところも、見方を変えればプラスになるということです。

コップに水が半分入っているのを見て、「まだ半分もある」と考える人もいれば、「もう半分しかない」と考える人もいます。

全く同じ現象も、見る人によって、価値は全く違うということです。

これと同じように、例えば「引っ込み思案」な人は、「出しゃばらない控えめな性格」と考えることができます。

また、「考えすぎて決断に時間がかかる人」は、「無茶をしないので大きな失敗をしにくい人」と考えることができます。

ある女性は、自分の神経質な性格がイヤでしたが、友人から「あなたの繊細で人の気持ちを考えて行動できるところ、とてもいいと思う」と言われて、自分のことを無理に変えなくてもいいんだと、気持ちが楽になったそうです。

もちろん、自分の悪いところを直していこうという気持ちを持つのは必要なことです。

しかし、自分が悪いと思っているところは、じつは悪いものではなく、良いものでもある可能性もあるということです。

人間にとって、一番不幸なのは「自分に嫌われること」ではないでしょうか。

自分に対する見方を変えて、自分のことを好きでいられる生き方をした方が良いと思います。

「私って、意外といいところがあるんだな」と思う心が、自己肯定感につながります。

7 他人とではなく、以前の自分と比べる

自己肯定感が低い人は、自分のここがダメというところに目が行きがちで、自分のいいところを見つけることが苦手です。

そういう人にやってみてほしいのが、過去の自分と今の自分を比べて、できるようになったことを探してみることです。

極端なことを言えば、子供の時は一人でどこにも行けなかったのに、今ではどこにでも行けます。その他にも、色々なことがあると思います。

例えば、パソコンやスマホで必要な情報をすばやく調べることもできるようになったでしょう。

働いてお金を稼げているなら素晴らしい進歩です。

料理や洗濯などの家事だって、すごく進歩しているはずです。

自己肯定感が低い人は、優秀な人たちと自分を比べて落ち込むことがありますが、他人

と自分は色々なことが違いすぎて、比べることなどできないのです。

そうではなく、以前の自分よりも今日の自分を比べて、ひとつでも成長していることを見つけることの方が大事なのです。

過去の自分と比べて、確かに成長できているなと思えたら、心に小さな自信が生まれます。

自分のことを嫌いな人は、「できない自分」に注目して、足りない部分ばかりを感じる傾向があります。

そんな人には、「もともとは何もできなかったのに、こんなにできることが増えた」という事実を意識してみることです。

完璧な自分ではないけど、「できていること」もたくさんあるという事実に目を向けるようにすれば、自分を信頼できるようになるのです。

8 「大丈夫」「これで良かった」と言ってみる

目標を立てて頑張っていても、思うようにいかない時が出てくるものです。

そんな時は、どうしても落ち込みます。

そういう時、「落ち込んではいけない」「いつも前向きな気持ちでいないと、心がマイナスになる」とプレッシャーを感じる人もいるでしょう。


ここで気をつけたいのは、落ち込んだ自分を責めないということです。

落ち込んだ時は、「こんな日もあるさ」と、自分を受け入れましょう。

そして、できるだけ早く、元の自分に戻ることを目指すのです。

自己肯定感が高い人というのは、落ち込んでいる時間が少なくて、すぐにいつもの自分に戻ることができます。

もし、自分が落ち込みやすいタイプなら、落ち込んだときのための魔法の言葉を決めておくといいと思います。

おすすめは、「大丈夫」「これで良かった」という二つの言葉です。

将来のことを考えて心配や不安が膨らんだ時は、「大丈夫、大丈夫」と口の中で何度もつぶやくのです。

すると、言葉の力が心に少しずつ安心感をもたらしてくれます。

過去のことが気になって、「本当にあれで良かったのだろうか…」とクヨクヨしたくなった時は、「これで良かったんだ」と、つぶやくことです。

深呼吸して、「これで良かった」と言ってみると、後悔が薄らいでいくのを感じることができるはずです。

この二つの言葉を使うことで、心から不安をなくして、心にマイナスの感情が増えるのを防ぐことができます。

9 「それほど深刻な問題ではない」と口に出してみる

心がマイナスに傾きそうになった時、自分の言葉で心の状態をプラスに変えていくことができます。

その一つが、「それほど深刻な問題ではない」という言葉です。

例えば、仕事が終わって帰宅準備をしていると、お喋り好きな先輩に見つかって、つまらない噂話に延々と付き合わされたとしましょう。

以前なら、「疲れた。私の時間を返してほしい」「今日はツイてない」とムカムカしていたところを、「それほど深刻な問題じゃない」と言い換えてみるのです。

「深刻な問題じゃない」という言葉を聞くと、脳はその根拠を探します。

面白いことに、脳にはそういう性質があるようなのです。

その言葉を聞いた脳は、「確かに、命までとられるわけじゃないし、たいした問題じゃないか」と考えるようになります。

その結果、「噂話につき合わされたのが、今日で良かった。昨日だったら友達との約束に遅れるところだったからなあ」というように、気持ちまで切り替えることができるのです。

ある経営者にこの話をしたところ、

「僕はつらいことがあった時、『命まで取られるわけじゃないし』と口に出して言うようにしているんです。そうすると、それまで大きく見えた問題が、少し小さくなった気がして、冷静になれるんです」と話していました。

本当につらいことがあった時は、気持ちをごまかさないで、思い切り泣いたり、悲しみを感じたりすることも大切です。

しかし、ちょっとしたことなら、言葉の力でさっさと気持ちを切り替えた方が、自己肯定感は上がるのです。

第4章

なぜ、あの人はいちいち気にしないのか？

1 自信に根拠はいらない

自己肯定感の低い人は、自分のことを「価値のない人間だ」と思っています。

そのため、壁にぶつかった時など「どうせ、私なんて、何をやってもダメなんだ」というふうに、自分を卑下してしまいがちです。

しかし、自己肯定感を上げるためには、自分を卑下する気持ちは捨てて、「自分は幸せになれる」と信じる気持ちを強く持つことが大切です。

自分らしく生きようと頑張っているのに、なかなか幸せを感じられない、毎日が不満ばかりだ、という人がいます。

そういう人はたいてい、自分を信じていないのです。

「頑張っても幸せになれるはずがない」

「昔から失敗ばかりだった。また今度もうまくいかないだろうな」

「ちょっとうまくいったからといって、調子に乗ると痛い目にあう」

そんな気持ちが、心の奥にどっしりと根を張っているのです。


「自分の気持ち」を軸にして行動できるようになるためには、まずは「自分を信じること」、そして、「自分を好きになる」ことが不可欠です。

うまくいかない時も、「うまくいかなくても、やって良かった」「次はきっとうまくいく」と自分を励ますことが大事です。

「私って本当にダメだな」と溜め息をつくかわりに、「うまくいかないこともあるけど、頑張っている自分が好きだ」「頑張っているから、きっといいことがあるよ」と、自分自身に声をかけてあげることが大切です。


自分に自信を持つことや、好きになることに、根拠は必要ありません。

「何があっても自分を卑下しない」と決めて、実行していけばいいのです。

2

「自分を責める」クセがある人へ

自分を嫌いな人は、どんな場面でも、自分の至らないところに目を向けがちです。

例えば、仕事で数名の人と話し合いをしていたとしましょう。

その中の一人が、機嫌が悪そうな様子で、あまり発言しようとしませんでした。

こういう場面で、「もしかしたら、私があの人の機嫌を損ねるようなことを言ってしまったのかもしれない」と必要以上に気になってしまうのは、自己肯定感が低い人です。

根底に「自分は人からあまり好かれない」という思いがあるので、自分を責めてしまうのです。

でも、実際は、誰が悪いわけでもありません。

その人が機嫌が悪そうなのは、たまたま朝、別の不快なことがあって、そのことを思い出したのかもしれません。

第一、機嫌が悪い様子を顔に出すことは、社会人としてほめられたことではありません。自分の感情をコントロールできない未熟な人間なのかもしれません。

そんな時に、自分を責めるという行為は、自分を好きになるためには逆効果です。

こう言うと「自分がミスをしたりした時はどうしたらいいの？」という疑問が湧いてくるかもしれません。

そんな時は、ミスをしたことを謝り、具体的な防止策を考えて、次から気をつければいいのです。「私はダメ人間だ」と自己嫌悪に陥ったり、自分を責めたりしても、何の解決にもなりません。

もちろん何かを失敗した時に、反省することは大切です。

でも、それ以上に大切なのは、そこから気持ちを切り替えて、「どうすれば、挽回できるだろう」とか「今度はうまくやろう」「次はできる」と考えることです。

絶対に失敗しない人など、世の中にはいないはずです。

必要以上に自分を責めるのは、やめにすることです。

3 我慢しすぎはやめよう

自己肯定感が低い人は、「自分が我慢すればいいんだ」と考えて、本心を押し殺してしまいがちです。

彼らの多くは、「自分さえ我慢すれば」とか、「ここで我慢しないとみんなに迷惑がかかるから」などと考えます。

実際は、そんなことはないのに、勝手に大きな責任を背負い込んでしまっているのです。

その人たちは、我慢に我慢を重ねて、心のバランスがぎりぎりのところまで崩れてしまうと、何かの拍子に自己否定が激しくなって、ノイローゼ気味になったり、体調を崩したりします。

また、怒りやイライラをいつも押さえつけて笑顔を作っているうちに、自然な表情を作れなくなってしまう人もいます。

いつも我慢しているので、自由に生きている人を見ると腹が立ち、他人への不満で心を一杯にしている人もいます。

これまで、失礼なことを言われても黙っていたり、約束を破られても文句を言わないなど、ずっと我慢をして生きてきた人は、もっと本当の気持ちを出していくと救われます。

「そういう言い方をされると、正直ちょっと苦しいんですけど…」

「この先も期日を守っていただけない感じなら、進めるのはちょっと難しいかもしれませんね…」

というように、自分の気持ちをそっと伝えることもできるのです。

自分の行動を必要以上に周囲へ適応させようとするあまり、自分を見失ってしまっては、元も子もありません。

本当の気持ちを表に出すことを恐れないことが大切です。

4 少し〝いいかげん〟なくらいでちょうどいい

自己肯定感が低い人は、何かをしたときに、罪悪感を持ちやすい傾向があります。

心当たりのある人に伝えたいのは、「もっといいかげんでいい」ということです。

そして、高すぎる目標を掲げているなら、「合格点を下げることで少し楽になれる」ということです。

完璧を目指す気持ちを持つことは、もちろん悪いことではありません。

しかし、それよりも大切なのは、自分にOKサインを出してあげることです。目標を持ちながらも、現在の自分も認める気持ちを持つことが大切です。

完璧でない自分を認めず、いつも罪悪感を持っているなんて、自分がかわいそうです。

自己満足でもいいのです。

自分に自信があり、伸び伸びと生きているように見える人たちが完璧かというと、決してそんなことはありません。それどころか、忘れっぽかったり、実際に失敗をすることもよくあります。それでも、そんな自分にＯＫを出しているのです。

そして、そんな明るさが、その人の魅力になっていることもあります。

ある女性は、いつも高い目標を掲げて、失敗して落ち込むことを繰り返していました。**そこで、ある時から、「このくらいでいいだろう」「8割できれば合格」と考えるようにしたところ、気が楽になると同時に、周りの人が何も言わないので拍子抜けしたと話していました。**

ストレスが減って、以前よりも高い成果を出せるようになったそうです。

優秀なのに自己肯定感が低い人は意外に多くいます。偏差値「65」でも「70の人に比べればつまらない存在だな」などと、後だしジャンケンのようにハードルを設定して自分を否定するのが当たり前になっているのです。こういう場合は、「63でもいいや」と思っているくらいの方がストレスやプレッシャーがなく、かえって65以上をとる力を出せるケースも多いようです。

１００％できない自分も受け入れられるようになると、生きることがラクになり、心にプラスの感情がたまりやすくなります。

5 鏡に映った自分自身をほめてみよう

自分のことが好きじゃないという人は、自分に対して無意識のうちに冷たい態度をとっているものです。

・頑張ってうまくいった時も、ほめるどころか、「たまたまうまくいっただけ」「調子に乗ると痛い目を見る」などと言う。

・それでいて、幸せそうな人を見ると、うらやましくて切なくなる…。

そんな人はもっと、自分に優しく接することを心がけることです。

一番簡単な方法は、自分のことをほめるのです。

「あなたはよく頑張っている」

「あなたはスゴイ！」

鏡を見ながら自分自身を評価してあげるうちに、失いかけていた自信がよみがえってく

るのを実感できるでしょう。

やってみるとわかるのですが、ほめ言葉は、自分で言った場合でも、嬉しい気持ちになって、心にプラスの感情がたまります。

小さなことでもいいので、どんどん自分をほめるのです。

また、自分で自分の体をマッサージしたりするのも、自分を好きになる効果があります。マッサージといっても、本格的なものでなくてもいいのです。

自分の手のひらで、頭や顔、手足やお腹などを、そっとさすってみるのです。

途中で、「今月は本当によくやったね。途中でピンチもあったけど、よく乗り切ったね。えらいぞ」と声をかけて、自分自身に優しくしてあげることです。

また、マッサージをしながら自分の顔や体を触ることは、ケアすることになります。

「肌が荒れているな。今月はよく頑張ったから、来月は少しペースを落とそう」

そんなふうに、自分自身を知って、自分をいたわることが大切です。

6 自分の〝いいところ〟を書き出してみよう

「私には何のとりえもない」と言う人がいて、驚くことがあります。とりえのない人なんていません。

その人は、自分のいいところを見る努力を怠っているだけかもしれません。

そういう人たちに言いたいのは、「あきらめてはいけません。今からでも自分らしく生きることで、自信を持って生きられます」ということです。

大切なのは、人生に対して、投げやりな気持ちにならないことです。

その人たちにとって、今の暮らしは思い通りにならないことの連続かもしれません。

しかし、この先もずっと、そういう毎日が続くわけではないのです。

自分さえその気になれば、軌道修正を図ることができます。

今まで、その人たちにアンラッキーなことが多かったのは、心の中にマイナスの感情がたまっていたからでしょう。

心にプラスの感情を増やすことで、今から人生を好転させることは可能なのです。

まずやってほしいのは、自分のいいところを探すということです。

周りが何を言うかは関係ありません。

「私のここがいい」というところを、どんどん見つけて、ノートに書き出してみるのです。

誰も見ていないのですから、恥ずかしがらずに書き出してみてください。

自分のことが好きではないという人は、信頼できる友達に、自分のいいところはどこか、聞いてみるのもいいと思います。

最初のうちはきっと、見つからないと思います。

でも、あきらめないで探してみることです。

自分のいいところが見つかるたびに、自己肯定感は上がるのです。

7 人からほめられたこと、うまくいったことも書き出そう

自己肯定感が低い人の多くは、「傷つく」ことを恐れて、傷つけられるたびに、自己肯定感を落としてしまいます。

そこから抜け出すためには、傷ついても平気な心を作っていくことです。

傷ついてしまうのは、心が弱っているからです。

そういう人は、心を自分で鍛えていく必要があります。

そのために効果的なのが、自分のいいところを見つけて、自信をつけることです。

自信を持てば持つほど、心は強くなるからです。

すぐにできることとして、自分を「大切な存在」として扱うということがあります。

自分が自分を扱うように、他人もその人を扱います。

例えば、自分を「私はダメな人間だ」といつも思っている人は、自然と表情が暗くなり、

発言も弱気になりがちです。また、自分に自信がないと行動も消極的になるため、周りからも尊敬されにくくなってしまいます。

過去の成功体験を書き出してみるのもいい方法です。失敗して落ち込んだり、自分を責めたくなったりした時に、「成功ノート」を見ると、深く落ち込むことを防げます。

学生時代に部活動で努力して成果を上げられたこと、中学時代に担任の先生から「一度決めたらやり抜く強さがある」とほめられたこと、いじめられている友だちに優しくして感謝されたことなど、探してみれば、誇れることがたくさんあるはずです。

自分を好きになるために、新しいことを始めないといけないと思う必要はありません。
今のままの自分で、価値があるのです。
そのことに気づいて、過去の成功体験を思い出すことが大切です。

8 「この人は自分より上か下か」が気になる理由

自分に自信がないと、自分より幸せそうな人の姿を見たとき、不安や嫉妬などのマイナス感情に襲われることがあります。

逆に、自分よりも自信のなさそうな人を見て、優越感を感じて、相手を下に見たりすることもあります。

自分に自信のある人は、「自分は自分、他人は他人」という考え方ができるので、他人が自分より優れていれば、「すごいですね」と称賛できるし、うまくいっていない人がいれば、「頑張ってくださいね」と応援することができます。

しかし、自己肯定感が低い人は、それができないのです。

従って、他人と接したときに感じるのは、劣等感か優越感です。

そして、つねに相手の顔色をうかがい、その態度に振り回されることになるのです。

しかし、自分と他人を比べることには、何の意味もありません。

他人の幸せと、自分の幸せは全く関係ないからです。

それでも気になるという人は、気になる人の情報を目に入らないようにすることをおすすめします。

大学時代の同級生がＳＮＳにデートや旅行などの楽しそうな写真を投稿しているのを見るたびに、何のイベントもない自分と比べて落ち込んでいる女性がいました。

特に、夜遅い時間に見ると、嫉妬がわいてきて、つらくなるのです。

そんな自分がイヤで、他人の投稿をできるだけ見ないようにしたら、ストレスが減ったそうです。

そして、他人を羨ましく感じた時は、「隣の庭の芝生は青く見える」と口に出して言うようにしました。

すると、嫉妬する時間が減っていきました。

そんなふうに、少しずつでいいので、人と比べる時間を減らしていくといいと思います。

9 謙虚と卑屈はどこで分かれるか

自分に自信がないと、相手の期待に応えられない時に、必要以上に申し訳なく感じてしまうものです。

「本当にゴメンね」

「次は絶対に行くからね」

もちろん、相手に謝ること自体は悪くはありません。

謝ることで、相手にあなたの優しさや誠実さを伝えることもできるでしょう。

しかし、中には、必要以上に謝罪してしまう人がいます。

そして、妙にへりくだって、何度も謝ると、頼んだ方は「そんなに悪いと思っているなら、私の言うことを聞いてくれればいいのに」と思うようになります。

「もういいから」と言っているのに、何度も謝ってくる相手のことを、見下すようになる人もいます。

つまり、何度も謝ると、かえって自分の印象を悪くすることがあるのです。

それに、謝って卑屈な態度をとっている時、自分の心はみじめになって、マイナスの感情が増えます。

つまり、必要以上に謝ることは、相手のためにも自分のためにもならないのです。


自分にそういう傾向があるという人は、「何かを頼む人と、頼まれる人は対等であり、自分にはそれを受け入れることも、断ることもできる」ということを、もう一度考えてみるといいでしょう。

100%、誰かの言いなりになって生きていく必要などないのです。

人はみんな、自分の意志で、自分の人生を歩んでいくことができます。

もっと、自然体で、誰に対しても対等な自分を目指すことが大切です。

卑屈な態度を改めることで、相手が見る目を変えることがあります。

10 ほめ言葉は控えめに受け取ればいい

自分に自信がないと、人からほめられた時に、「そんなことありません」と謙遜してしまい、相手の言葉を素直に受け取れないものです。

しかし、自分の評価というのは、自分一人だけがするものではありません。

他人が、「ここが良かった」と言ってくれている気持ちに感謝して、受け入れることが大切です。

「そんなふうに言っていただけると、照れくさいですが嬉しいです。ありがとうございます」

そうやって、控え目にほめ言葉を受け取ることは、相手にいい印象を与えますし、自分自身の自信にもつながります。

「あの人はああ言っているけど、心の中では私をバカにしているのでは？」なんて疑心暗鬼になる必要もありません。

詩人の谷川俊太郎さんが、あるテレビ番組の中で、こう言っていました。

「詩の朗読会で、詩の意味をよく聞かれるが、意味を一つひとつ考えるのではなく、花束を受け取るように受け取って欲しい」


ほめ言葉も、それと同じではないでしょうか？

花束を渡されて、「いりません」という人はいないと思います。

第一、そんなことをしたら、相手に失礼です。

ほめ言葉を素直に受け取ることは、自分を認めることです。

「でも、私なんて…」

「いえ、まぐれですし…」

そんなふうに、自分を否定する言葉は、二度と口にしないと決めることです。

そして、次に人からほめられたら、笑顔で受け入れるようにしましょう。

11 「私には幸せになる価値がある」と言うだけで…

自己肯定感が低い人は、「自分は幸せになれない」と思い込んでいることがあります。

しかし、「自分には価値がない」とか「自分は幸せになれない」というのは思い込みであり、事実ではありません。

そう思っているだけで、本当はたくさんの長所がありますし、そのままの自分で幸せになることも、夢を叶えることもできます。

幸せを感じられる自分になるには、自分はダメだという思い込みを手放していくことが大切です。

なぜなら、自信がないままだと、努力が実を結んだ時も、夢が叶いそうになった時も、「どうせまぐれだ」「あまり喜んでいると調子に乗っていると思われて反感を買う」などと考えてしまい、プラスの感情を否定してしまうからです。

また、自分で自分の価値を認められない人は、他人からの評価を必要以上に求めてしまうこともあります。

そうなると、「人にほめられると嬉しい→幸せ」「人にほめられないと落ち込む→不幸」というように、相手の反応で自分の幸不幸が左右されることになるため、いつも他人の顔色をうかがうような毎日になってしまいます。

自分の価値に気づき、いいことを素直に喜べる自分になるためには、「私には幸せになる価値がある」と何度も自分自身に伝えることが効果的です。

鏡を見るたびに、心の中で自分にそう声をかけてもいいし、寝る前に口に出して言ってみるのもいいと思います。

最初は抵抗があるかもしれませんが、毎日、続けてみると効果があります。

第5章

セルフイメージが変わり始めるキッカケ

1 〝繰り返し〝が自信を育む

自己肯定感の低い人は、「自分はたいした人間ではない」と思い込んでいます。

そのため、自分でやってみたいことがあっても、「どうせうまくいかないだろうな…」などと最初から決めつけて、チャレンジすることさえあきらめてしまうことがあります。

でも、実際にはそんなことはありません。

「自分は、たいした人間ではない」という思い込みは、「錯覚」です。

本当は、なんだってできるのです。

ただ、自己肯定感の低い人は、人から「あなたならできますよ」と言われても、素直に信じることができません。


では、どうすればその呪縛から逃れられるかというと、実際に、これをやりたいと思うことを自分で決めて、実行する経験を積み上げていくのが効果的です。

「できないと思っていたけど、やってみたらできた！」
「100%思い通りにはいかなかったけど、少し前に進めた！」
その積み重ねが、「私には、たいした価値はない」というマイナスの思い込みを小さくします。

ここで大事なことは、別にすごいことをする必要はないということです。

誰にもほめられなくてもいいので、「自分がやりたいこと」「自分がこうなったらいいなあ」というようなことを実行しましょう。

例えば、「来週は、朝早く起きる」とか、「ジャンクフードを食べない日を決める」とか、ささいなことから始めてみるといいと思います。

その結果、「早起きすると会社に早く着いて仕事がはかどる」「ジャンクフードを食べなくなって体調がいい」といった喜びを感じられれば、「自己効力感」（自分には目標を達成する力があると自覚すること）が増し、それが自己肯定感にもつながっていくのです。

2 「やってみたいことリスト」を作ろう

行動を起こすといっても、実際に何をやればいいのかわからない、という人はその準備として、まずは「やってみたいことリスト」を作ってみるといいでしょう。

内容は、それについて考えた時に、自分の心がワクワクすることならば、どんなことでもかまいません。

「ピアノをひけるようになりたい」

「新しいソファを買いたい」

「南の島に行って、スキューバダイビングを体験してみたい」

「英会話を習って海外の映画を理解できるようになりたい」

「イタリア観光をしたい」

このようなことを、できるだけ具体的にリストにするのです。

昔から「いつかチャレンジできたらいいな」と思っていたこと、テレビやネット・SN

Sを見ていて「なぜか気になる」という分野など、思いつく限りたくさん書き出してみましょう。

書いている途中で、「やっぱり面倒だな」、「自分にはできっこない」とネガティブな気持ちが強くなるかもしれません。

しかし、そこで書くのをやめないことです。

新しいことを始めるのは確かに大変な面もありますが、そのための行動は自分が予想しているほどつらいものではありません。

なぜなら、人間は他人の命令で好きでもないことを続けるのは苦しいものですが、自分が好きなことをするのは苦労を感じない場合が多いからです。

それに、全部できなくてもいいのです。

一つでもできれば、進歩なのです。

書いたことを手がかりにして、行動する気力を高めていくことが大切です。

3 大切なのは、打率ではなく打席に立つこと

自己肯定感の低い人の中には、せっかく何かを始めても、ささいな失敗や、停滞を理由にあきらめてしまう人がいます。

「もう、いいんです。できると思った自分がバカでした」と考えてしまうのです。

そういう人に伝えたいのは、何かに挑戦する時に大切なのは、「何回成功したか」という打率ではなく、打席に立ち続けること（あきらめないこと）だということです。

打席に立たずに、ロッカールームで泣いていては、ヒットもホームランも打てません。

これまで、自分の軸で生きてこなかった人は、一人で何かを決めて行動することに対して、ハードルの高さを感じていると思います。

しかし、自分の軸で生きていくと決めたら、もう、他人のことなど気にせず、結果さえも気にせず、自分でやりたいことをやり続ければいいのです。

一度やってうまくいかなければ、別のやり方を試してみるのもいいと思います。

例えば、体を動かす習慣をつけようと思ったのに、ジョギングが続かなかったのなら、次は家の中でもできるエクササイズをスマホで動画を見ながらやってみるとか、ダンス教室に通ってみるとか、別の方法を試してみて、無理なくできるものを見つければいいのです。


やりたいことがあったら、誰の目も気にせず、一人でやりたいことに挑戦していくことが大切です。

極端なことをいえば、10通りの方法を試して、一つ自分に合ったやり方が見つかればラッキーくらいの気持ちで取り組めばいいのです。

そして、行動する力がついてきたら、一人で映画を観に行く、一人でコンサートに行くなど、まずは近場でいいので、一人で出かけることを始めてみることです。

一人で何かを成し遂げると、達成感を得られ、心にプラスの感情が増えていきます。

4 「失敗してもいい」つもりで始めよう

「きっとまた失敗する」という不安を抱えていると、行動したくても臆病になってしまいます。

いつも「自分にできるはずがない」「私には無理」とネガティブ思考が習慣になっているので、たとえプラスの感情がわいてきても、すぐに打ち消されてしまうからです。

新しいことを始める時は、不安が生じるものです。

そして、やらない言い訳が次々と浮かんでくることもあります。

もっと、お金があれば…。

もっと、時間があれば…。

もっと、学歴が良ければ…。

もっと、家柄が良ければ…。

しかし、世界中の成功者たちは、全てを持っていたわけではありません。中途半端なままでもいいから、少しずつ始めてみればいいのです。

それでも最初の一歩がなかなか踏み出せないという人は、気軽に考えてみることをおすすめします。

どんなことでも、やってもいいし、やらなくてもいい。

Aを選んでもBを選んでもいい。

お金を使ってもいいし、使わなくてもいい。

合わなかったらやめればいい。

しかも、それを選ぶのは「自分」であって、そこに他人は関係ないのです。

成功できなくてもいい、できればラッキーと考えればいいのです。

それに、成功は約束されていなくても、成長は約束されています。

途中で軌道修正をしたってかまいません。まず、手を付けてみることから始めることです。

5 「何かに挑戦する」が心をプラスにする

ボストン大学の心理学者であるアベンドロスらは、「旅行先で、あるお土産を買うかどうかで迷ったことのある人」に対して、ある調査をしました。

お土産を買おうかやめようか迷った人を、

A「結局、お土産を買わなかった人」

B「結局、お土産を買った人」

に分けて、旅行から帰ったあとに、どれくらい後悔が強いかを調べたのです。

その結果、Aの「買わなかった人」は、Bの「買った人」よりも、大きな後悔をしていることがわかりました。

買ったことで、「重くて苦痛だった」というような後悔ももちろん、ゼロではありません。

しかしそれよりもずっと、「買っておけばよかった」と後悔してしまう人が多かったというのは、非常に興味深い調査でした。

これは、「やる」か「やらない」かで迷うすべての場面で当てはまるのではないでしょうか？


こんな話があります。

78才で専門学校に入って国家資格を目指した人に対して、孫が、

「おばあちゃん、卒業するとき80才だよ？　今さら学校に行ってどうするの？」

と言いました。するとおばあさんは、

「でも、何もしなくても80才にはなっちゃうんだよ」

と答えて、専門学校に入ったそうです。

資格が欲しかったのではなく、やってみたいことをやりたかったのだと思います。

挑戦すること自体が、心を喜ばせるのです。

6 「得意なことを楽しむ時間」をキープする

自分で決めたことを実行していく中で大切になるのが、無理をしないということです。

自己肯定感の低い人の中には、完璧な自分でないと価値がないと思ってしまったり、自分に厳しくすることが当たり前になっていたりする人がいます。

そして、真面目なタイプの人ほど、どうせやるなら、何かハードな努力をしなくては意味がないと考えてしまいます。

高い目標を持つことや苦手なことに立ち向かうのはもちろん、悪いことではありません。

しかし、簡単にはできないことに挑戦する時は、自分の心が無理をしている可能性があることも、きちんと意識する必要があります。

そうしないと、心が「苦しい」、「つらい」と悲鳴をあげていたとしても、それに気づけなくなってしまうからです。

もし、何か新しいことを始めたけれど、うまくいかなくて苦しいという時は、方向転換をしても何も問題はありません。

そして、次に、自分の得意なことを選ぶといいでしょう。

人間は、自分の得意なことをやって楽しんでいる時に、最もプラスの感情を増やすことができます。

ですから、無謀な挑戦をしたり苦手を克服しようとするよりも、得意なことに集中してみるほうがいいのです。

その時、一発逆転で周りを驚かせたいとか、誰かにほめられたいとか、ライバルを見返したいというような気持ちを持つのはやめることです。

大切なのは、人からの評価ではなく、自分がやりたい、やってみようと思ったことを実行することで、達成感を感じることです。

自分を好きになるためには、そのほうが近道です。

7

人に何か言われても、やりたいことを貫くコツ

書店に行くと、「目標を達成する方法」といった本がたくさん並べられています。

しかし、その通りにやっても簡単にはできない人がほとんどです。

なぜかというと、ほとんどの人は意志力が足りないからです。

「意志力」とは、自分の心をコントロールして物事を成し遂げる力のことです。

どうしたら目標が達成できるか、どうしたら自分を変えることができるのかを考え、それに必要なものが「意志力」なのです。

意志力を強くするには、「衝動的に行動して、目先の欲を満たそうとする自分」と、「衝動を抑え、目先の欲求を満たすのを我慢し、長期的な目標を目指す自分」という、相反する二つの自分をうまくコントロールする必要があります。

例えば、禁酒するときは、お酒を飲んでいい気分になりたい自分と、我慢して長い目で

見て健康的に生きたいという自分が対立します。

そのとき、「健康的に生きたい」という自分が勝てるように、自分をコントロールすることが大切です。

そのためには、自分がどういう時に目先の欲求に負けてしまうかを知っておくことが大事です。

ある女性（大学生）はこれまで、何か目標を決めても、人から「そんなの無理だよ」とか、「やめた方がいいよ」と言われるとすぐにあきらめてしまっていました。人に笑われたくないという気持ちが強かったためです。

しかし、留学するという目標を立てた時、今度こそ実現したかったので、「人に何を言われても気にしない」と手帳に書いて、毎日眺めるようにしました。

すると、周りから、「海外なんて危ないよ」などと言われても、気にならなくなり、翌年に念願の留学を果たすことができました。彼女は、友人と離れたくないという欲求より、留学したいという欲求を優先させることができたのです。

8 こういう人からの誘いには応じていい

何かを始めたいけれど、何をしたらいいかわからないという時におすすめなのが、信頼している人に誘われたら、出かけてみるということです。

先約があったり、誘ってくる相手に下心を感じたり、怪しい雰囲気があったり、直感的に「行かないほうがよさそう」と感じたら、無理をする必要はありません。

しかし、普段から自分に好意を持ってくれている人の誘いは、楽しめる可能性が高いし、誘ってくれた相手と親しくなるきっかけにもなります。

もちろん、出かけてみたら、疲れたり、イヤなことがあったりする可能性もあります。

しかし、楽しい時間を過ごせたり、新しい友だちができるかもしれないのです。

少なくとも、部屋に閉じこもっているよりもずっと、プラスの感情を増やせる可能性は高いといえます。

自分に自信が持てないタイプの人は、「そんな所に行っても、相手の負担になるかもしれない」と考えてしまうため、誘いに応じない傾向があります。

そういう人は、人から誘ってもらった時に、「誘ってくれて、ありがとう。ぜひご一緒させてください」と返事をしようとすると緊張してしまうかもしれません。

しかし、そこは誘ってくれた相手を信じて、素直に受け入れればいいのです。

その方が、誘ってくれた相手も嬉しいのです。

不安はあって当然です。

不安を抱えたままでも、行動するうちに、慣れてきます。

行動範囲を広げただけ、面白いことに出会えるチャンスも増えるのです。

9 「この先もずっと変わらずにいたらいい」と自分に言う効果

自己肯定感の低い自分を変えたいと思っているのに、何かと理由をつけて、結局、新しい考えも行動も取り入れないでいる人がいます。

そういう人には、**「逆説療法」**がおすすめです。

これは、人間には「○○をやらなければいけない」と思うとかえってできなくなってしまうという性質があるため、その反対に、あえて「やらなくてもいい」と自分に言うことでメンタルを治していく方法のひとつです。

わかりやすい例では、不眠症で悩んでいる人に向かって、

「今日こそは寝ないと、体がまいってしまいますよ」

と言うのではなく、

「眠くないなら、本でも読んでいればいいじゃない」
というような言葉をかけることで、「眠れなければいけない」というプレッシャーから解放してあげるというようなやり方です。

また、何度も何度も手を洗ってしまうというような強迫性障害の傾向のある人に対して、「気がすむまで手を洗ってくださいね。タオルは用意してありますから」
というような言葉をかけると、洗わないように注意するよりも、症状が良くなるというようなこともあります。

これと同じで、自己肯定感を上げたいのに自分を責めることから抜け出せない時は、
「じゃあ、この先もずっと自信のない自分で生きればいい。べつに自信がないからといって死ぬわけじゃないんだから」
というような言葉を自分にかけることで、やる気が出てくる可能性があります。

自己肯定感を上げることは、一朝一夕にはいかないかもしれません。

しかし、このように色々と試しているうちに、少しずつ自己肯定感は上がっていくものです。

第6章

「足を引っ張ること」は こうすれば 捨てられる

1 なぜ、いらないモノを捨てると良いのか

自己肯定感を上げるためのひとつの方法として、部屋にある不用品を思い切って処分することがあります。

一見、何の関係もないように感じますが、ものを整理することは、「自分にとって本当に必要なものは何か」を考え、自分の軸を見つけるためのいい機会になるからです。

クローゼットの中にあるたくさんの洋服を整理しながら、

「このスーツはもう2年くらい着てないな。この先、着ることはあるだろうか？」と考えることは、洋服だけでなく、自分の将来のビジョンについてもイメージを膨らませることになります。

「自分は今後、フリーでやっていくつもりだから、こんなにたくさんのスーツは不要だろう」

「今年は転職活動をする予定だから、面接用のスーツとして取っておこう」

そんなふうに、自分の今後を考えることにつながるのです。

本を処分するのも同じです。

「もう、この分野の仕事はしないから、処分してもいいだろう」

「この分野の仕事は、来年以降もやっていきたいから、大切にとっておこう」

そうやって、定期的に本棚の中を整理することが、自分の気持ちを確認するためのいい機会になるかもしれません。

「もしかしたら使うかもしれない」と思って、何も捨てられないのは、「自分が今後、どちらの方向に進むのか」がわからないか、わかっていても「気が変わるかもしれないし、念のためにこちらも捨てずにおこう」と弱気になっていることが原因です。

思い切って不用品を処分することは、そんな曖昧な気持ちを捨てて、「私はこちらに進む」と決意して、行動することの後押しになります。

そして、行動すれば、心にはプラスの感情が増えるのです。

2 マイナスの記憶を消せる言葉

自己肯定感を上げるために捨てた方がいいのは、不用品だけではありません。**マイナスの感情や記憶も、できるだけ頭の中から消去していくことが必要です。**

例えば、苦手な人がいる場合、その相手と一緒にいない時間にも、思い出してつらくなることがあると思います。

そういう時間を減らすだけでも、心はラクになります。

苦手な人の顔が頭に浮かんでしまったら、気持ちを切り替えるための言葉を、口に出して言ってみるといいでしょう。

「今は、そのことを考える時間じゃない」

といった短い言葉をつぶやくだけでも、気持ちを切り替える効果があります。

自分の大切な時間を、好きではない誰かのために不愉快な気持ちで過ごさなければいけ

ないなんて、もったいないです。

嫌いな人のことがどうしても頭から離れない時は、散歩しながら好きな歌を口ずさんだり、ベランダに寝ころがりながら空を見上げたりすると、自然と明るい気持ちになることができるでしょう。

また、スポーツや体操、ダンスも、気持ちを切り替えるためには効果的です。

気持ちの切り替えが苦手な人は、仕事や学校の帰り道にスポーツクラブやカフェなど、気持ちが前向きになる場所に寄る習慣をつけると、家にイヤな気持ちを持ち帰らずにすむかもしれません。

本当は、完全に忘れてしまうのがいいのですが、すぐには難しいかもしれません。

そんなときは、少なくとも、家ではそのことを考えない、と自分自身に誓うことが大切です。

3

ムダな苦労をしていないかチェックする

自己肯定感の低い人は、「努力して成果を上げないと自分には価値がない」と思っていることが多く、ラクをすることに罪悪感がある人も少なくありません。

毎日、上司から残業をたくさん頼まれている女性がいました。

残業を断ったら上司に認めてもらえないと思い、どんな残業も引き受けていました。

しかし、ボーナスの査定は最低でした。仕事を引き受けすぎて、頭も体もいつも疲れていたので、パフォーマンスが落ちていたのです。

必死で自分の時間を削って、会社のために働いていたのに、無駄だったのです。

もう一つ、彼女にとってショックなことがありました。

残業を断って早く帰っていた同僚が、自分より高い評価を受けていたことです。

自分のやることだけやったら帰ってしまう同僚より、自分の方がずっと頑張っていると思っていました。

しかし、それは勘違いでした。早く退社した同僚は、家族と楽しく過ごし、睡眠もたっぷりとっていたため、いつも体調と機嫌がよく、短い時間でも成果を上げていたのです。

この女性のように、「とにかく一生懸命やらないと認めてもらえない」と思っているなら、それは勘違いかもしれません。大変なことをしなくても、成果を上げることはできるからです。

依頼を断っても、心にプラスの感情を増やす生き方をしている方が、結局は周りのためにも自分のためにもなることもあるのです。

4 まわりに合わせてマイナスになっていることも

他人の悩みや問題に、すぐ影響を受けてしまう人がいます。

そういう人は、いつも周りのことが気になって、なかなか自分のことに集中できません。


ある20代の女性の例を紹介しましょう。

その女性は、大学時代の友人が毎日、遅くまで残業のある会社で働いていることを心配していました。

彼女は「友だちがつらい思いをしているのではないか」と心配して、何度も「どうしてその会社を辞めないの?」「ブラック企業なんじゃないの?」などと声をかけていました。

ところが、友人はというと、「今は修業の時期だと思っているから、この会社でもう少し頑張るつもり」と言っているのです。

この女性は、当人の話には聞く耳を持たず、

「今時、夜遅くまで残業が毎日ある会社なんて、おかしいですよね」
「彼女の転職先にいいところはないですかね」
と、知り合いの人に会うたびに不安な顔をして言っていました。

このような考え方をしていると、いつまでたっても幸せにはなれません。自分以外の誰かのことは、思い通りにすることはできないからです。

友人が自分の思い通りにならないのは、当然のことです。幸せを願って、あとは放っておけばいいのです。

そして、もっと自分の心を喜ばせるために、自分の人生を使うとよいのです。

このように、他人の問題を自分の問題にしている人は、意外と多くいます。
しかし、他人の問題を勝手に自分の問題にして心にマイナスの感情を増やすのは、誰のためにもなりません。
それよりも、自分の心をプラスにすることに意識を向けていくことが大切です。

5 「飽きたらやめる」もキッカケになる

仕事で今、頑張り時だから、毎日、残業でもかまわない。

退社後は毎日ジムへ行き、激しいトレーニングが欠かせない。

毎週日曜日の朝に行っている勉強会も、人脈作りのために外せない。

こんなふうに、あれもこれもと忙しい毎日を長く送っていると、気が休まる暇がありません。

「忙しく頑張っている私ってステキ」という気持ちを感じたくて、スケジュールを一杯に詰め込んでいる人も少なくありません。

忙しくても、自分の心にプラスの感情が増えているなら問題はありません。

しかし、自分の時間が作れないくらい忙しいのに、充実感を持てなかったり、ストレスが増えたりしている人は、生活を見直した方がいいと思います。

そんな毎日を変えていくためには、「何かをやめる」という決断が必要になります。

つまり、優先順位の低いものはスッパリと切り捨てるのです。

例えば、誰かに「やりなさい」「やった方がいいよ」と言われているけれど、自分にとっては面白くないようなものは、手放してもいいと思います。

最初の頃は楽しかったけれど、今は興味を失ってきたというものも、見直すタイミングに来ているといえます。

そして、できた時間で、本当にやりたいことや、自分の心と向き合う時間を作るようにするのです。


何かをやめることは、一見、悪いことのように見えます。

しかし、何かをやめてできた時間を生かして、心にプラスの感情を増やすことができたら、その決断は自己肯定感を上げることにつながるのです。

6 この先つきあわない人の連絡先を消去する

自己肯定感が低い人は、色々なことに対して受け身でいることが多いため、自分からつきあう人を選ぶという感覚はなかったかもしれません。

しかし、これからは違います。

自分が成長するにつれて、おつきあいを続けたい人と、自然と縁が切れる人が出てくると思います。

また、心の中にしまっていた記憶を忘れると決めたり、大事にとってあった古い思い出の品を捨てるというように、前に進むために、古い物を手放す決意をする人も多いと思います。

そんな、自分に関する新陳代謝を進めていく中でおすすめなのが、もう二度と会うことがなさそうな人の連絡先を携帯電話から消去したり、縁の切れた人の名刺を捨てることです。

普段は目に入っていなくても、携帯電話の中にその人の名前やデータが残っていることは、自分でも気づかないうちに心の負担になっているかもしれません。

ですから、消去すると、気持ちを前向きにすることができます。

嫌いな人でも、友だちを減らすのは不安だと心配する人がいるかもしれません。

そういう人に、新しい友達を増やすおすすめの方法を紹介します。それは、好きな趣味が似ている人が集まるサークルに参加することです。

例えば、ある女性は英会話の勉強が好きなので、近所の英会話サークルに入りました。

するとそこでは、会社では出会えないような幅広い年齢層の人たちがいて、英会話という同じ趣味があるので、最初からスムーズに会話をすることができました。

そして、そのサークルのみんなで旅行に行くほどの関係になれたのです。

古い人間関係を手放しても、新しい人間関係を作ることはできます。

縁の切れた人の連絡先を消去することを、怖がる必要はないのです。

7

無意味な競争からおりる

自己肯定感が低い人は、同調圧力（他の人と同じことをしないといけないような雰囲気）に弱い傾向があります。

例えば、A子さんというOLの女性は、「先輩が帰っていないのに、自分だけ先に帰るわけにはいかない」という理由で、いつも遅くまで会社に残っていました。

A子さんの家は会社から電車で1時間以上かかるので、最後まで残って自宅に帰るともうほとんど、自分のために使える時間はありません。

ところが、帰国子女のB子さんが入社してから、会社の雰囲気が変わりました。B子さんは、6時の就業時間を過ぎると、すぐに席を立って帰宅するのです。

アメリカでは、決められた時間に仕事を終えられない人は、「仕事ができない人」と判断されるようです。B子さんはアメリカ流の働き方が身についていたため、他の人が残っていても気にせず、帰宅することができるのです。

あるとき、B子さんがA子さんをランチに誘い、「みんなが帰らないから帰れないなんて無意味なこと。あなたも早く仕事を切り上げて、プライベートの時間を楽しんだ方がいいわよ」とアドバイスをしてくれました。

そして次の日から、A子さんは、自分の仕事が終わったら早く帰るようにしたのです。早く家に帰ってのんびりしたことと、自分でそれを決意して行動できたことで、A子さんの自己肯定感は上がりました。

やるべきことはきちんとやっているので、上司に何か言われることもありませんでした。

毎日が無理なら、週に一日、数時間の時間の使い方を変えるだけでもいいのです。

同調圧力から抜け出すことで、自己肯定感を上げることができます。

8 「もう忘れることにしました」を口ぐせにする

心をプラスにするためには、人に対する恨みの気持ちを、一回一回水に流して、気持ちをリセットすることが大切です。

中国の古代の思想家である孔子も言っています。

「虐待されようが、強奪されようが、忘れてしまえばどうということもない」

この考え方は、私たちも見習うことができると思います。

今、恨みを抱いている人がいたり、顔を思い出すだけで、はらわたが煮えくりかえるほど嫌いな相手がいるとしたら、その気持ちは自己肯定感を上げる邪魔をしていることになります。

「でも、それは私のせいではなくて、相手のせいです」

と言いたくなる気持ちはわかります。

しかし、自分を傷付けた人のことを憎めば、心はマイナスの感情で一杯になります。

相手を許すことは、相手のためではないのです。自分の幸せのために、憎しみを手放すことです。

自分の心の中が、怒りや恨みで一杯になったときは、「私はその人のしたことを忘れます。そして、私の心は幸せで満たされます」と口に出して言ってみるのです。

この言葉を何度もつぶやくうち、心の中から、少しずつイヤな記憶が消えていくと思います。

イヤな記憶を薄くしていくやり方としては、つらい記憶をノートに何度も何度も書いて、そのノートを捨てるという方法もあります。

また、頭の中でイヤな記憶を思い出すたびに、目を閉じて風船につけて空高く飛んでいくシーンを想像するのも効果があります。

第7章

すぐ他人に振り回されなくなるコツ

1 なぜ、自己肯定が高くなると、トラブルが減るのか？

自己肯定感が高い人は、自分のいいところだけでなく、悪いところも含めて、「それが人間だし、それでいいんだよ」と思っています。

そのため、他人に対しても、「いいところもあるし、悪いところもあって当然」と思っているため、他人の言動をあまり気にしません。

わかりやすくいうと、「私は私のままですばらしいし、あなたたちもそのままですばらしい」という考え方をしています。

また、「自分は幸せだ」「いつも最後はうまくいく」「自分は恵まれている」という思い込みが強いため、ちょっとイヤなことがあってもあまり気にしません。

「今日はたまたま運が悪かっただけ」「明日はまたいいことがある」と考えて、すぐに気持ちを切り替えられるからです。

こういう人たちは、人間関係で悩むことが少なくなります。

なぜなら、イヤなことを言われても、「あの人はたまたま今日、機嫌が悪かったんだろう」と考えて引きずらないからです。

他人からの評価を気にしないため、意地悪な人が現れても、「私をバカにしているの?」とか、「また嫌われてしまった」などと考えず、「この人とは縁がなかったな」という感じで、スッと離れて終わりです。

「類は友を呼ぶ」の法則で、自己肯定感の高い人の周りには同じように「高い人」が集まるため、お互いを認め合い、一緒にいて楽しい人間関係を築いていけます。

自己肯定感の低い人は、これまで、いじめにあうなど、人間関係でつらい経験をした人が多いと思います。

自己肯定感を上げていくことで、人間関係のトラブルは減っていきます。

そのために、できることを一つひとつ試していく必要があります。

2 「意見を言うと後悔する」と学習してきた人へ

自己肯定感を高くするためには、傷つきにくい心を持つことが大切です。

なぜなら、自分らしく生きようと思っても、ナイーブな人は相手の反応を気にしすぎて、心にマイナスのエネルギーが増えてしまうからです。


いつも面倒な仕事を頼んでくる上司がいたとしましょう。

上司は、自分が、

「はい、いいですよ」

と無条件でＯＫしていた頃はニコニコしていたのに、

「それはできません」

「それなら、こういう条件ではどうでしょうか？」

と意見を言った途端に、不機嫌な顔になるかもしれません。

そこで、「やっぱり、自分の意見なんて伝えるんじゃなかった」と後悔する人は、傷つきやすい人です。

自分の意見を伝えた時、相手が冷たい態度をとっても、冷静に受け止めることです。

「やっぱり、ちょっと無謀だったかな。でも、気にする必要はない」

そんなふうに、**「相手が不機嫌になっても当然」くらいの心がまえでいれば、そんなに傷つくこともないでしょう。**

自分は傷つきやすい方だと思う人は、日頃から、こういう場面を迎えたときに、落ち込んだり、相手の反応を気にしすぎたりしないよう、意識しておく必要があります。

不機嫌な相手の顔が浮かんだら、何か好きなことをして、すぐに気持ちを切り替えることが大切です。

心にマイナスの感情が増えそうになった時、スイッチを切り替えて、プラスの感情を増やしていけるようになると、幸せが加速していきます。

3 協力しあえる人間関係を育むヒント

どんなことでもそうですが、何かを目指した時、ひとつの問題もなくスムーズに目的地に到達するということは、それほど多くありません。

自己肯定感を上げようと決めた時も同じです。

チャレンジの途中には、いいこともあればそうでないこともあります。

そして、くじけそうになった時は、他人の応援や協力がパワーになります。

例えば、「○○について勉強したい」と思った時、身近にそのことを教えてくれる人がいれば、参考にすることができます。

落ち込んでいる時に、励ましてくれる友人がいたら、大きな力をもらえます。

自己肯定感が低い人には、人間不信で、信頼できる友だちがいない人もいると思います。

しかし、**協力しあえる人間関係があった方が、ない場合よりもずっとスムーズに自分ら**

しい人生を送れると思います。

では、どうしたらいいかというと、人に好かれるには次のことを心がけることが大切です。

・嘘をつかない
・人のせいにしない
・悪口を言わない

たったこれだけです。

1カ月ぐらいすると、ジワジワと周りの人の反応が変わるはずです。笑顔で話しかけてくる人も増えてくると思います。

そういう時、自己肯定感の低い人は、「私はみんなに嫌われているはずだ」と思い込んでいて、自己肯定感が高い人が笑顔で話しかけてくると、「絶対に裏がある」と自ら壁を作ってしまうことがあります。

しかし、これからは相手の好意を素直に受け入れてみることが必要です。そこから少しずつ、協力しあえる人間関係を育んでいくことができます。

4 「その人」とはどういう関係でいたいか決めておく

自己肯定感の低い人は、他の人が自分よりも立派に見えて、仲間うちで自分が一番立場が弱いと考えてしまいがちです。

自分は選ばれる側であり、自分がつきあう人を選ぶという発想もあまりありません。

そのため、自分に関わってくる人を無条件で受け入れてしまい、その相手が苦手なタイプでも、我慢をしながらもつきあいを続けてしまうことがあります。

しかし、自己肯定感を上げていくためには、自分を苦しめる人とは縁を切ることも必要になります。

もちろん、縁あって知り合った相手と、あえて絶縁を望む人は少ないでしょう。

ケンカ別れのようになるのも後味が悪いし、全部はわかりあえなくても、この先もおつきあいを続けていきたい、と考える人が多いのではないでしょうか。

しかし、相手が何度も自分の人生に介入してきてイヤな言動をする場合は、無理はしない方がいいのです。

そこで大事なのは、人とつきあう中で、この人とは縁が切れてもいいのか、何があってもつきあっていくのかを最初に決めておくことです。

「関係を良くしよう」と努力するか、「このままでもいい」と気にしないようにするのか、どちらを希望するかで、とるべき対応が違ってくるからです。

その相手との関係を良くしようと考えるのなら、自分から仲良くなるために相手に働きかける努力が必要となります。

もしくは、何を言われても気にせずに割り切ってつきあうというのも、一つの考え方だと思います。

「もうこんな人とは、縁を切ってもいい」と考えるのなら、その人からの連絡を拒否するだけで、問題は解決するかもしれません。

人間関係で悩んでいる人は、一度、今後のことを整理してみることが大切です。

5 「私を軽んじる人」の見分け方

自分を大切にしてくれない人とは距離をとることも必要です。

というと、「どういう人が自分を大切にしてくれない人なのかわからない」という人がいます。

そのヒントの一つになるのが、自分が嬉しかったことを、一緒に喜んでくれるかどうかです。

嬉しいことがあり、それを報告した時に、

「よかったね。頑張ったものね」

「おめでとう。私もうれしいよ」

と祝福してくれる人は、相手のことを大切に思っている人です。

一方、中にはこんな人もいるかもしれません。

「調子に乗っていると、後でガッカリするよ」

「へえ、そう。それより、私の話を聞いてよ…」

こんな人は、相手が幸せでいることを喜んではいないようです。

もしかすると、その心の中には、ライバル心や嫉妬といった複雑な感情が渦巻いているのかもしれません。

ひどい人になると、人の足を引っ張ったり、嬉しい気持ちに冷や水を浴びせるようなことを言ったりすることもあります。

そういう人といると、せっかくの気持ちが、すぐにしぼんでしまいます。

ときどきならまだしも、何かあるたびに相手の幸せに水を差すようなことを言う人とは、少し距離を置くことも考えましょう。

自分を大切にしてくれない人に、自分から接する必要はないからです。


人間関係は対等です。

どうせなら、安心して一緒にいられる友だちを増やしていくことが大切です。

6 他人に振り回されない人の「平常心」キープ法

自己肯定感の低い人は、人に嫌われたくないという思いが強すぎて、他人の言動に振り回され、疲れてしまうことがあります。

人づきあいをするときに、大切なことがあります。

その人のせいで、自分の大切なものを壊されたり、必要以上に心を乱されたりしないように注意するということです。

世の中には本当に色々なタイプの人がいます。

どうしても相性が合わない場合、友だちなら距離を置く、恋人なら別れる、といった道を選ぶこともできます。

しかし、相手が会社の上司や同僚などの場合、簡単に関係を断つことはできません。

相手が嫌味を言ってきたとしても、そこで泣き出したり、「なんですか、その言い方は?

いい加減にしてください！」などと大きな声を出したりすれば、たとえ相手が悪くても、「職場で怒鳴るなんて、感情的な人だ」というレッテルを貼られてしまうかもしれません。

ですから、身近に困った人がいる場合は、ムキになって相手を変えようとしたり、真剣に悩んだりするのはやめた方が得策です。

ではどうしたらいいかというと、「ああ、また始まったよ」「この人の機嫌が悪いのは、私のせいではなくて、この人の問題だ」と平常心で受け止めるのです。

相手が不機嫌な感情や言葉を投げて来ても、自分の心の内側まで入れないで、うまくかわすのです。そうすれば、自分のストレスにはなりません。

他人に振り回されない自分になると、生きるのがラクになります。

そして、「イヤな人に出会っても、平気だった」と自己肯定感も上がっていくのです。

7 人に期待しすぎないのも大事なポイント

これまであまり人と深くかかわってこなかったという人は、人との距離感を取るのが難しく感じるかもしれません。

そこで伝えておきたいのが、相手にあまり期待しすぎない方がいいということです。


C子さんは、会社の同僚・Dさんにこんなお願いをしました。

「明日、もし時間があれば仕事を手伝ってもらえますか？」

Dさんは、「大丈夫ですよ。明日、私はそれほど急ぎの業務はないから、手伝えると思いますよ」と快く返事をしてくれました。

ところが、翌日は意外な展開が待っていました。

バタバタと仕事をしているC子さんの姿を見ていたにもかかわらず、Dさんは「急用ができた。ごめん」と言って外出してしまったのです。

「手伝えないなら、最初から『大丈夫』なんて言わないで欲しかった」とガッカリして、それ以来、Dさんに苦手意識を持つようになってしまいました。

おそらく、Dさんに悪気はなかったと思います。

急用が入らなければ、一緒に仕事を手伝ってくれたはずです。

ですから、そういう人に対して「何で約束を破ったの？」と責めても、意味はありません。

「嫌われているのかもしれない」と考えて落ち込んだり、次から距離を取ったりする必要もないと思います。

現代人は、みんな、忙しいのです。

ですから、人に何かを頼んだ時も、「本当に手伝ってもらえればラッキー」くらいに軽く考えておく方がいいのです。

もちろん、本当に手伝ってくれた時は、しっかりと感謝の気持ちを伝えましょう。

「ダメで元々」の気持ちがあると、ストレスを大きくしないですみます。

8 自分の気持ちをはっきり言葉にする

自己肯定感の低い人は、自分の考えや意見をないがしろにしてしまいがちです。

みんなで何かを分け合ったりするときも、「あなたはどれがいいですか?」と聞かれたのに、「私はどれでもいいです」と遠慮して答えてしまう人もいます。

そういうことが何度も続くと、大切なことを選ぶ場面でも、自分の本心を言えなくなってしまいます。

自己肯定感を上げるためには、日頃から、自分の気持ちを口に出すように意識するといいでしょう。

例えば海外でホテルに行くと、お湯が出ない、エアコンが利かない、部分的に機能しないということがあります。

そういう時、何も言わず、がまんしてしまう人もいます。

それはある意味、日本人の優しさであり、美徳だといえます。

しかし、ホテルで希望するサービスを受けることは、クレームでもなんでもなく、当然のことです。

ですから、無条件に、「この部屋でいいです」とがまんする必要はありません。

場合によっては、

「もっと広い部屋に変えてもらうことはできますか？」

「少し値段が上がってもいいので、海の見える部屋がいいです」

というように、自分の希望を伝えてみるといいでしょう。

リクエストが叶うかどうかは、あまり重要ではありません。

大切なのは自分の希望を相手に伝えるということです。

そうやって、冷静に自分の気持ちを相手に伝える機会を増やしていくと、自分の軸が定まり、心にもプラスの感情を増やすことができます。

9 「断って嫌われたくない」への対処術

自己肯定感の低い人は、「ノー」と言うのが苦手な場合が多いようです。

「断ると相手が嫌な気分になるのでは」「断ったらあとで悪口を言われるのでは」などと、不安になったり、申し訳なさを感じたりするからです。

そういう人に知ってほしいのは、頼まれごとを引き受けるのは、「自分が無理をしなくてもできる範囲でＯＫ」ということです。

自分のできる範囲で要求に応えるのはいいことです。

しかし、自分の気持ちを犠牲にしてまで無理をする必要はありません。

ストレスの芽を大きくしないためには、断る勇気を持つことも大切です。

「申し訳ありませんが…今日はできません。明日の午前中までなら、なんとかなります」と丁寧な言い方をすれば角も立ちません。

それで機嫌を損ねる場合は、こちらが悪いのではなく、相手の問題ですから、気にする必要はありません。

これまで、言われたことに従うという選択肢しか持たなかった人が、人の依頼を断ることには、勇気が要ると思います。

「はい」と従うか、「あいにくですが…」と断るか、自分の心と相談しながら、一つひとつを選択していくことはエネルギーを使うので疲れます。

慣れるまでは違和感もあります。

しかし、これまでと同じことを繰り返しながら、違う結果を求めることはできないのです。

自分を変えたいなら、日常生活でこれまでの自分と違う選択を増やしていくことが必要です。

意識して選択を変えていくと、今までとは違うものに出会えます。

これまでと違う選択を選ぶことを続けると、人生が変わっていくのです。

10 全員に好かれなくてもいい

自己肯定感の低い人は、自分で自分のことを「このままでいい」と思えないため、他人から評価されることでしか、自分の価値を感じることができません。

そのため、人から嫌われることを恐れて、誰からも好かれたいと考えてしまいがちです。そして、嫌われたくないという理由で、頼まれるとイヤでも断れない、となってしまいます。

しかし、**いくら相手に喜んでもらえたとしても、自分を犠牲にしている場合、心にはマイナスの感情が増えます。自己肯定感も上がりません。**

では、どうすればいいかというと、「全員に好かれる必要はない」と、割り切ることをおすすめします。

自分の気持ちに正直な対応をしたせいで、関係に亀裂が入るようであれば、たいした縁ではありません。この先、続けたとしてもストレスがたまるだけでしょう。

相手への敬意をこめて、丁寧な言葉で断ったのに、相手が機嫌を損ねたとしたら、それは相手の問題です。

自分を責めたり、必要以上に気をつかったりする必要はありません。

それで、相手が怒ってしまうようなら、その相手は自分の依頼を断られたことに腹を立てたのでしょう。

そのような相手にビクビクしているようでは、いつまでたっても自己肯定感は育ちません。

自分に素直に生きることで、離れる人が出てくるかもしれません。しかし、それをあまり恐れる必要はありません。

なぜなら、自己肯定感を上げるうちに、新しい友人もできるし、新しい絆を作っていくことだって可能だからです。

人生においては、人間関係が変わることもあるのです。

本当に縁のある人たちとは、何があってもつながっていられるのです。

11 〝困った人〟の機嫌をうかがうのはやめる

心にマイナスの感情を増やす大きな要因になるのが、周りにいる苦手な人や困った人です。

「この人さえいなければ、悪い会社じゃないのに」なんて思ったことがある人もいるかもしれません。

そういう人に伝えたいのは、困った人を意識しすぎない方がいいということです。

例えば、苦手な人があいさつをしてくれなかった場合、相手はただ、気が付かなかったのかもしれないのに、ついマイナスの想像をふくらませてしまうものです。

「嫌われているに違いない」と落ち込んだり、「無視するなんて、イヤな人だ」と怒ったりしてしまうかもしれません。

でも、そんなふうに、相手の言動を勝手に悪い方に解釈して怒ったり悲しんだりすることは、無駄な行為です。

あいさつを返してくれなかったのが、仲の良い人なら、「聞こえなかったのかもしれない」「急いでいたんだろう」というふうに考えて、あまり気にしないはずです。

相手が苦手な人だとしても、同じように考えるようにすればいいのです。

相手の本心なんて、その人に直接聞いてみなければわかりません。単なる事実を、勝手に悪い方に解釈するのは、やめることです。

もし、マイナスな方向に考えそうになったら、「悪い妄想をしても、誰のためにもならない」と考えて、すぐに打ち消すクセをつけるといいと思います。

また、近くに苦手な人がいるときは、他の人と同じように声をかけるなど、同等に扱うことを意識することです。

最初は意識的でも、苦手な人を他の人と同じように考えるうちに、その人に振り回される機会も減ってくるはずです。

12 怒り、ねたみに暴れさせない方法

心にプラスの感情を増やすためには、ふたつのことを意識することが大切です。

ひとつは、プラスの感情が増えるような言葉、行動、考え方を日常生活で意識することです。

そしてもうひとつは、マイナスの感情が増えないような言動、考え方を心がけることです。


なぜなら、プラスの感情を増やしていっても、マイナスの感情がそれ以上のペースで増えてしまうと、なかなか心の状態はプラスになっていかないからです。

心にマイナスの感情を増やすものには様々なものがありますが、その中でも特にマイナスの感情が強いのが、嫉妬の感情です。

「どうしてあの人ばっかり評価されるの？」

「あの人はズルい！」

そんな気持ちを、誰でも感じたことがあると思います。

ここで知ってほしいのは、嫉妬の対象というのは、不特定多数ではなく、特定の人であることが多いということです。

そして、嫉妬からは、何も生まれません。

相手にも自分にも何のメリットもないのです。

いえ、自分の心にマイナスの感情が生まれるという意味では、害しかありません。

ですから、「嫉妬してもいいことはない。嫉妬しない自分になろう」と決めてしまうのが一番です。

嫉妬の対象の人が近くに来たら、とりあえずその人から離れるなど、距離を取るといいでしょう。

そうやって、嫉妬の回数を減らすことで、心の状態が変わっていきます。

そして、いつも嫉妬してしまう相手をうまくやりすごせたら、自分をほめてあげるといいと思います。

第8章

心に“プラスの力”がわいてくる毎日の習慣

1 一日の中に〝ゆとりの時間〟を増やそう

自己肯定感を上げるとか、自信を持つというと、メンタルの問題がほとんどであって、生活習慣などはあまり関係がないように思う人が多いかもしれません。

しかし、そうとも限りません。

心を亡くすと書いて、忙しいという字になります。

つまり、人は忙しすぎると、心にマイナスの感情が増えるのです。

また、忙しい毎日を続けていると、体にも負担をかけることになります。

毎日、朝から晩まで予定が一杯というような暮らしを続けているなら、ライフスタイルを見直して、心も体もホッとできる時間を増やすことが大切です。

例えば、一日の終わりにゆっくりお風呂につかると決めるだけでもいいのです。

そうすることで、心の状態をマイナスからプラスへと変えていくことができます。

こういう話をすると、「忙しい方が落ち着くんです」と言う人がいます。

本当にそうならいいのですが、中には、「何かをやっていないと、自分には価値がない」と思っている人がいるので、注意が必要です。

自己肯定感の低い人は、「自分を大切にする」ということが苦手です。

そのため、「私が休んだら迷惑をかける」と無理をしてしまうこともあるようです。

しかし、休日になるとぐったりして、趣味ややりたいことを楽しむ気力がわいてこないほど疲れているなら、それは自分を大切にしているとはいえないでしょう。

忙しくても、自分の心が喜ぶことをする時間を生活に取り入れることは必要です。

自己肯定感を上げる方法は色々とありますが、自分の生活スタイルを見直すことは、他人とかかわる必要がないし、何か特別な準備がいるわけでもありません。

ただ、自分で「リラックスできる時間を増やす」と決意して、実行するだけでいいのです。

2 リフレッシュのメニューを用意しておく

生活の中から、心がマイナスの状態になる習慣を減らし、プラスの状態になる習慣を取り入れるようにすると、少しずつ、自己肯定感がアップしていきます。


例えば、軽い運動を取り入れるのは、いいことです。

私たちは怒っている時、体の筋肉が緊張して硬くなります。

逆に、穏やかな気持ちで笑っているときは、体の筋肉も伸びてリラックスしているのです。

逆にいうと、**ストレッチ**で筋肉をほぐす習慣を持つと、気持ちをリラックスさせて、心にプラスの感情を増やす効果も期待できるというわけです。

また、**小動物に触れる**のも、効果があるといわれています。

ある女性は、週末に自宅の近くにある「ネコカフェ」に行って、ネコを抱っこすると、ストレスが消えていくのを感じるといいます。

またある女性は、家でカメを飼い始めてから、自宅で過ごすのが楽しみになったそうです。

別の女性は、つらいことや、腹が立つことがあると、寝る前にネットで動物の赤ちゃんの動画を観るそうです。

すると、心が癒されて、次の日には良い気分で一日を始められると話していました。

別のある男性は、イライラしたときは、屋外に出て思いっきり深呼吸をすることで、気分を切り替えています。

また、心の名で「5、4、3、2、1、0」とカウントダウンを唱えて、ゼロと言うのと同時に、「よしっ」と気持ちを切り替えると効果がある、という人もいました。

このほかに、好きな香水のにおいをかいだり、お気に入りのアーティストの動画を観たりするのも、気分転換には効果的です。

3

「いつも疲れている」なら生活スタイルを変える時期

肉体的な疲労もまた、心をマイナスにする原因になります。

睡眠時間が足りないとうつ状態になりやすいと言われているように、体と心は深く結びついているのです。

ですから、いつも疲れている人、なんとなく不調が続いているという人は、元気になるために暮らしを見直してみるといいでしょう。

ある女性は、そのために、会社の近くに引っ越しました。

部屋は少し狭くなりましたが、通勤ラッシュにもまれる時間が減ったことで、ストレスをかなり減らせたそうです。

また、別の女性は、つきあいで続けていた会社のランニングサークルをやめました。

すると、週末にゆっくり過ごせるようになり、気持ちに余裕ができたために、職場でイライラすることが減ったそうです。

すぐに生活スタイルを変えるのが難しいなら、深呼吸をして、気持ちを整える習慣を持つことがおすすめです。

初めに、息を長く吸ってお腹を引っ込めながら、息をできるだけ長く口から吐きます。頭の中にある「イヤなこと」を息と一緒に吐き出すイメージで行ってください。

吐ききったあとは、鼻から息を吸い込みます。

この時は、新鮮で素晴らしいエネルギーを吸い込むつもりで空気を取り入れます。何度か繰り返すうち、頭の中からイヤなことが消え去っていきます。

大切なのは、「疲れているのが当たり前」「調子が悪い自分が普通」という考えを捨てることです。

自分の体調を整え、元気に過ごすことは、自分を大切にすることにつながります。「今日も調子がいいな」と感じるたび、心にはプラスの感情が増えるのです。

4 ムダな情報をシャットアウトする

現代の日本で暮らしていると、本当の意味で一人になれる時間は、あまりありません。携帯電話にはこちらの都合など関係なしに、連絡が入ります。スマホにはどんどんメールやメッセージが届くので、しょっちゅうチェックしていないと落ち着かない気持ちになるでしょう。

また、ネットには、たくさんの情報があふれていて、私たちを刺激し続けます。このような情報に囲まれていると、私たちの脳と心は休むことができません。たとえ一人きりで静かな場所にいても、携帯がいつ鳴り出すかわからないような状況では、リラックスすることは難しいのです。

そこでおすすめしたいのが、すべての情報をシャットアウトする時間を作ることです。情報がなくなると、何もすることがありません。

その時間で、目を閉じて自分自身と話し合うのです。

それを、別の言葉で瞑想といいます。ウィスコンシン大学のリチャード・デビットソンは、瞑想について次のようなことを述べています。

「瞑想をすると、脳は刺激やストレスと闘うモードから受容と満足のモードに切り替わる。瞑想の効果としてストレスの減少、免疫組織の強化などが指摘される」

このように、瞑想にはたくさんのメリットがあります。

1日に10分間だけでも瞑想の時間を持つと、心が穏やかになり、プラスの感情を増やすことができます。

また、瞑想中はアルファ波と呼ばれる脳波が出るため、悩みの解決法が見つかったり、いいアイディアが湧いたりすることもあります。

心にプラスの感情を増やすために、ぜひ取り入れてほしい習慣です。

5 セルフイメージの高い人と接する時間を増やす

朱に交われば赤くなる、という言葉のとおり、人は周りにいる人の影響を受けます。

ですから、自己肯定感を上げるためには、自己肯定感の高い人たちと過ごす時間を増やすことが効果的です。

そこでおすすめなのが、夢を叶えた人の話を聞いてみることです。

夢を叶えた人は、自己肯定感が高く、心にプラスの感情を増やす習慣を自然と身につけていることが多いからです。

自分と同じような境遇で、以前は自己肯定感が低かったけれど、今は自信にあふれているという人がいれば理想的です。

身近にそういう人がいなければ、成功者の伝記を読んだり、講演会に行ったり、映画を観たりするのもいいでしょう。

彼らの言葉づかいや、ちょっとした行動に、心にプラスの感情を増やすヒントが隠されているはずです。

そして、できるところから自分の言動にも取り入れてみればいいのです。

何かに迷った時は、「あの人ならどうするだろう」と考えて、行動するうちに、自然と自分の心の状態がプラスに向かうようになるでしょう。

最初は、素直にそれをマネする気持ちにはなれない人もいるかもしれません。

「自己肯定感の高い人のマネをしたって、私も同じようになれるとは限らない」という気持ちがわいてくるからです。

そういう気持ちがわいてきても、「また卑屈になっている…。ダメな私」という具合に、自分を否定する必要はありません。

そんなときは、「私はこれまで何度も失敗したから、不安になっているんだな」と冷静に受け止めて、気持ちを切り替えればいいのです。

6

心が疲れたら自然の力を分けてもらおう

心にプラスの感情を増やすためにできる簡単な方法として、自然に触れることがあります。

現代の日本人は、毎日が自宅と会社の往復で、気づいたら何日も土の上を歩いていないという人も多いようです。

そして、自宅でも職場でもパソコンなどに囲まれて、自然にまったく触れる機会がないという人も珍しくありません。

しかし、人工物にばかり囲まれていると、人は疲れやすくなります。

実際、寝室にパソコンを持ち込まない方が深く眠れるというデータもあります。

自然は、人間にはとうてい及ばない大きなプラスのエネルギーを持っています。

ですから、自然の恵みを少し分けてもらうことで、疲れてマイナスに傾いた心の状態をプラスにすることができるのです。

近くに大きな公園があるなら、地面に寝転がって大地の熱を感じると効果があります。大きな木の幹に手を回して、顔や体を密着させてみると、気持ちが落ち着くものです。どこかに出かけるのが大変なら、空を見上げて、ゆっくりと流れる雲を眺めるだけでも、いいのです。

夜なら、星を見つめるだけでもかまいません。そして、「きれいだな〜」「気持ちがいいな〜」と素直な気持ちを口に出して言ってみるのです。

温泉や海岸に出かけるのもおすすめです。両方とも、全身で地球のプラスのエネルギーを浴びることができます。自己肯定感が落ちたときに出かけると、元気を取り戻すことができるでしょう。

7

頑張るより「リラックス」を意識しよう

自己肯定感を上げると決めて、様々なことに取り組むことにしたとしましょう。
その時に、頑張りすぎないことが、大切です。
「頑張るぞ！」と強い意気込みを持つのは素晴らしいことです。
しかし、あまりにも張り切りすぎると、長続きさせるのが難しくなってしまいます。

公園で遊んでいる子供たちを見てください。
彼らはどれだけ走りまわっても、疲れを知らずに楽しそうです。
それは、子供たちが「頑張って遊ぶぞ！」と思っていないからです。
遊んでいる時の子供たちはリラックスして、ただ好きなことをしています。
アスリートはどうでしょう。
彼らが試合中にどんなことに気をつけているかというと、できるだけリラックスすることなのです。

筋肉が最大限の力を発揮するためには、リラックスすることが大切だからです。

そのため彼らは、大切な試合でリラックスするためのメンタルトレーニングを行っているといいます。

もし、張り切りすぎて疲れたなと感じた時は、「これじゃ、ダメだ」と自分を責めずに、「少し肩の力を抜こう」と思うようにするのです。


大切なのは、続けることです。

少しずつでも、プラスの感情を心に増やしていくことが大切です。

無理に頑張らなくてもいいのです。

落ち着いて、リラックスして、楽しみながら、自己肯定感を上げていきましょう。

8 〝いいこと〟を日記にメモする

私たちは日ごろ、仕事や家事など、やらなければいけないことが多く、目の前を通り過ぎる小さい出来事など気にも留めないことがあります。

しかし、意識してみると、自分が一日の中で意外にたくさんの「いいこと」に遭遇していることがわかります。

・寝坊してバスに乗り遅れるかと思ったら、バスがいつもより遅く着いて間に合った
・初めて入ったイタリアンレストランの料理がおいしかった
・会社で尊敬している先輩からほめられた

このようなちょっとしたことは、意識しなければすぐに忘れてしまうものです。

しかし、思い出して書き出すことで、「なんてことない一日の中にも、いいことってけ

っこうあるんだな」と気づくことができます。

手帳に書き出してみると、眺めるたびに心がプラスになるのでおすすめです。

もうひとつ、手帳を使って気分を良くする方法としては、「**いいこと日記**」という方法もあります。

やり方は毎日、自分がハッピー、ポジティブになったことを手帳に書いておきます。

夜、寝る前にそれを見るたびに心にプラスの感情が増えるので、心がマイナスに傾くのを防げるのです。

「幸せは誰かに与えられるもの」と思っている人は多いと思います。

しかし、こうしてその日にあったいいことを探してみると、今のままでも自分は幸せなのかもしれないと気づくことができるでしょう。

9 一人で悩まず、人に話を聞いてもらう

どんなに誠実に生きようとしても、イヤな人に会うことがあります。

そして、その場ではうまく対処できたと思っても、あとからイヤな気持ちがわき上がってくることもあるでしょう。

そんなときは、信頼できる人に話を聞いてもらうだけで、だいぶ楽になるものです。

人間は、心の中にあるモヤモヤした思いを言語化して話したりすると、その過程で考えが整理されます。そのため、心で抱えているよりスッキリするという効果も期待できます。

また、第三者の客観的な意見を聞いてみることで、自分の考えに足りなかった部分に気づくことや、考えるヒントをもらえることもあります。

自分にとっては大変な事件のように感じることも、人から見たらたいしたことではない場合も多いのです。

とくに効果的なのが、自分と同じような体験を乗り越えた経験のある人との会話です。

彼らはきっと、自分の気持ちに共感してくれて、そこから抜け出すためのヒントを教えてくれるはずです。

そういう人が身近にいない場合は、ネットやSNSの相談サービスなどを利用するのもいいでしょう。

また、自分と同じ境遇の人の体験談の載った新聞、雑誌、本から、元気をもらうという方法もあります。

一番よくないのは、一人で悩んで、自分を責めたり、誰かを憎んだりして、心にマイナスの感情を増やすことです。

相談目的、相談相手、相談方法を考え、その時に合った相談のしかたを選択できるようになると、ストレスや心の傷を大きくしたり、引きずったりすることを防げます。

10 友だちと夢を語り合う

自己肯定感を高めることを意識して毎日を過ごしていると、自然と付き合う人たちが変わってきます。

新しい挑戦をしている自分の足を引っ張ろうとする人とは距離を置こうとするでしょうし、向こうも離れていくはずです。

逆に増えてくるのは、同じように、日常生活の中からプラスのことを探しながら、前向きに毎日を生きようとしている人です。

やる気を保ちながら、自己肯定感を上げていくには、そういう仲間と会うのが効果的です。

自分らしく生きるために努力している人は、心に中にプラスの感情があふれているので、会うだけで元気が出ます。

また、自分自身が充実しているので、人を応援する余裕もあります。

ですから、落ち込んだ時や、「本当にこの道でいいのかな」と迷った時に相談すると、力になってくれるでしょう。

また、自分の目標や夢について人と話し合う機会というのは、意外と多くありません。

「私は、こんなことに夢中で、頑張っているんだ」と言ったときに、

「あなたならできる。きっとうまくいくよ」

と言ってくれる相手がいると、勇気は百倍になるでしょう。

そういう友だちが近くにいないという人は、直接会えなくても、メールや電話で話をするだけでもいいのです。

「この人と話すと元気が出る」という仲間がいると、自己肯定感がどんどん上がっていきます。

第9章

自己肯定感がさらに上がるヒント

1 誕生日が近い人にメッセージを送る

人は誰かに「ありがとう」と言われると、喜びを感じます。

よく、ボランティアに参加した人が、

「人助けをするつもりだったのに、『ありがとう』と言ってもらって、自分の方が元気づけられた」

と話していますが、これも人から感謝されることが自分の心にプラスの感情を増やすからです。

そして、誰かに喜んでもらうために一番手軽な方法の一つが、誕生日の近い人にお祝いのメールやカードを送ることです。伝えたいことが決まっているので、気軽に出すことができます。

「お誕生日おめでとう。この一年があなたにとって最高の年になりますように」

「ハッピーバースデー。今度また、会いましょう」

そんなシンプルなメッセージでも、相手はきっと喜んでくれるでしょう。

旅先からメールや絵葉書を送るのもおすすめです。

「旅行先で、私のことを思い出してくれたんだ」と喜んでもらえるでしょう。

旅行から帰った後で会う予定があるなら、ちょっとしたお土産を渡すのもいいと思います。


このように、人を喜ばせるちょっとした方法はいくつもあります。

気遣いは、「私はあなたとの関係を大切に思っています」というメッセージそのものです。

そして、相手から、「ありがとう」と言われれば、自分の心にもプラスの感情が増えるのです。

2 相手の話を真剣に聞く

「賢者は大きな耳と小さな口を持つ」という格言があります。

普通の人は、人の話を聞くことよりも、自分の話をすることに夢中になっています。

しかし、賢い人は自分の話をするよりも、相手の話を聞こうとすることができる、という意味です。

人には、「誰かに自分の話を聞いてもらいたい」という本能的欲求があります。

感動した映画を観た時、旅行に行って帰ってきた時、悩みごとがあって落ち込んでいる時、自分が担当した仕事がうまくいった時、どんな時でも、私たちは話をする相手を欲しています。

そんなときに、「うんうん」、「そうなんだ」と共感しながら、熱心に話を聞いてくれる人が近くにいたとしたら、嬉しい気持ちでいっぱいになって、その人に好意を持つはずです。

実際に、成績のいいセールスマンの多くは、相手の話をよく聞く傾向にあるといいます。

聞き上手になるためには、相手の話をさえぎらないことが大切です。

他の人が話をしているのに、「私もね」「でも、それは違うんじゃない」と相手の話をさえぎって、自分の意見を言い始めてしまった経験は誰でもあると思います。

しかし、そこでグッと我慢してほしいのです。

自分の話をしたくなっても、「そうなんですね！」と相づちを打ったり、「それで、どうなったんですか？」と質問したりして、話の主導権を相手に戻すことが大切です。

人の話を集中して聞くことは、意識していないと難しいものです。

だからこそ、それができる人は、人から感謝されるのです。

3 周りの人を応援する

人間の脳は、人のために何か貢献できた時に、喜びを感じると言われています。

つまり、人に親切にすると、相手に喜んでもらえるだけでなく、自分の心にもプラスの感情が増える可能性が高いのです。

人のためにできることで簡単なのは、応援することです。

もし、自分の周りに何かの目標に向けて頑張っている人がいたら、どんどん応援してあげるといいのです。

力を貸してほしいと頼まれたら、できる限り協力してあげましょう。

もちろん、やりたくないことはやらなくてかまいませんし、自分をうまく利用してやろうと考えているような人の頼みも、断ってかまいません。

自分のやりたくないことをやって、心にマイナスの感情を増やすことは、逆効果になってしまうからです。

そうではなくて、手伝うことが楽しいと思えたり、「この人が嬉しそうだと、自分まで嬉しくなる」と感じることなら、どんどん手伝ったり、応援したりしたほうがいいということです。


人助けをすることは、自己肯定感を上げることにもつながります。


誰かの役に立って感謝されると、「人の役に立てた！」という自信につながるためです。

この時、相手が思ったほど感謝してくれなくても、あまり気にしないようにしましょう。

大切なのは、自分自身が満足して、心にプラスの感情を増やすことです。

4 気にかけてくれる人に笑顔を見せる

人間関係学で有名なデール・カーネギーは、

「笑顔は1ドルの元手もいらないが、100万ドルの価値を生み出す」

と言っています。

笑顔には、それほど人を喜ばせる力があります。


ここでいう「人を喜ばせる」には、ふたつの意味があります。

ひとつは、一緒にいる相手に自分の笑顔を見せることで、「私はあなたと一緒にいると楽しいです」という気持ちを伝え、相手に喜んでもらうという意味です。

もうひとつは、相手が自分の健康や幸せを願ってくれている人の場合にあてはまります。

例えば、最近、離婚した友人に会うシーンをイメージしてみてください。

「彼女、大丈夫かな。離婚する前は落ち込んでいたけど、元気かな?」

と心配して出かけたとき、その友人が以前と変わらない笑顔を見せてくれたら、きっと、「よかった。彼女はどうやら幸せに暮らしているようだ」と安心するでしょう。

この法則を逆から見ると、誰かが自分のことを心配してくれている時、相手に笑顔を見せることで、相手を安心させられるということになります。

たとえば、いつも、

「元気？　風邪をひいていない？」

「ご飯をちゃんと食べてる？」

と心配してくれる家族や親戚に会った時、笑顔を見せれば、相手を喜ばせることができるということです。

笑顔は人を喜ばせる一番簡単な方法と言えるでしょう。

5 プラシーボ効果を応用する

相撲取りは、勝ち進んでいくとヒゲをそらないなど、げんを担ぐ人がいます。

スポーツはメンタルの影響を強く受けます。

ですから、「ヒゲをそらなかったらツキが続いた。今日もきっと勝てるはず」というように、自分に自信を与えるためにそうしているのです。

「こうすると勝てる」と思い込むと、実際にその効果が出ることを、**プラシーボ効果**といいます。

プラシーボ効果とは、医者がまったく薬の効果のないでんぷんのような偽薬（プラシーボ）を「よく効く薬だ」と言って患者に与えると、実際に症状が改善されるという現象のことです。

これは、暗示効果や条件付けによって自然治癒力が発揮されるために起こると考えられています。

言い換えれば、自分に前向きなおまじないをかけているようなものです。

これと同じことを、人にしてあげると、その人の力になることができます。

例えば、今やっている仕事に対して苦手意識のある人に、「あなたは、とても優秀な人だと思いますよ」と言い続ければ、その人は怒られ続けた場合よりもきっと、成長することができるでしょう。

何かに挑戦しようとしている人に、「あなたならうまくいくに決まっている」と言ってあげるのもいいでしょう。相手は元気づけてくれた人に感謝すると思います。

逆に、有能な人も、「君はダメなヤツだ」と言われ続ければ、本当にダメになってしまいます。

したがって、マイナスの言葉づかいはしないよう注意が必要です。

6 心の安定した状態で会う

いつも穏やかな気持ちで相手と接することも、人のためにできることのひとつです。

会うたびにコロコロと感情が変わる人と時間を共にするのは疲れるものです。

・会う前にイヤなことがあると、八つ当たりしてくる。

・自分の興味のある話題の時は喜んで話すのに、相手の好きな話題に変わったら、無視する。

こういう困った人は、意外と多く存在するものです。

しかし、いつもそうやって気分にムラがある人は、周りに気を使わせるために、周囲からの信頼を得にくくなってしまいます。

もちろん、人間なら感情の起伏があるのは当たり前のことです。

いつも、誰と会う時にも最高に機嫌がいいとは限りません。

悲しいことや、腹が立つようなことだって、日常生活には起こり得るからです。

しかし、だからこそ、いつ会っても穏やかでいることは、相手を喜ばせるのです。

ある女性経営者が、「私は、いつでも人と会う時は機嫌がいい自分でいると決めています」と話していました。

「その方が相手にとっても嬉しいだろうし、自分自身も機嫌よくふるまっていると、本当にいい気分になってくるから」と説明してくれました。

機嫌がいいか悪いかは、その日の気分や状況で自然と決まってしまうようなイメージがあります。

しかし、自分の意思で「機嫌よく過ごす」と決めてしまうこともできるのです。

「あの人と会いたい」と願う人は、「優しいあの人」と会うことを願っています。

自分のためにも、相手のためにも、人と会う時は、心を落ち着けてから、出かけるようにすることが大切です。

7 大切な人を特別扱いする

自分にとって大切な人を特別扱いすることも、相手を喜ばせます。

人には生まれつき、「誰かから尊敬されたい」、「有能であると思われたい」という気持ちが存在します。

それを「承認欲求」といいます。

そのため、人は自分の承認欲求を満たしてくれる人に、好意を持ちます。

ですから、親しくなりたい人、自分にとって大切な人に対しては、相手をほめるなどの承認欲求を満たすようなことを、どんどんしてあげるといいのです。

また、逆にその人が自分のことを認めてくれないと悩んでいるなら、まずは自分の方から、相手を尊敬して、認める気持ちを持てばいいのです。

自分から相手を承認することで、相手も自分のことを承認してくれるというのは、人間関係においてよくあることです。

そうやって、色々な人を大切にして、自分が相手にも大切にされるという関係が増えていくと、自己肯定感はどんどん上がっていきます。

もちろん、仲間を増やす過程では、思い通りにならないこともあるでしょう。ケンカをしたり、裏切られたりすることもあるかもしれません。

しかし、自分が誠実な態度で接していたのに去っていく人には、執着しない方がいいと思います。

くっついたり、離れたりしながら、色々な人と関係を結んでいくのが人間関係だからです。

大切なのは、自分の心の声をいつも聞きながら、自分が「こうしたい」と思う道を選択することです。

それは人間関係でも同じです。

逆に言えば、そういう中で、ずっと縁のある人というのは、とても貴重な存在です。

したがって、そういう人への感謝の気持ちを忘れないようにすることが大切です。

本書は青春新書プレイブックスのために書き下ろされたものです

青春新書
PLAYBOOKS
人生を自由自在に活動《プレイ》する

人生の活動源として

いま要求される新しい気運は、最も現実的な生々しい時代に吐息する大衆の活力と活動源である。

文明はすべてを合理化し、自主的精神はますます衰退に瀕し、自由は奪われようとしている今日、プレイブックスに課せられた役割と必要は広く新鮮な願いとなろう。

いわゆる知識人にもとめる書物は数多く窺うまでもない。

本刊行は、在来の観念類型を打破し、謂わば現代生活の機能に即する潤滑油として、逞しい生命を吹込もうとするものである。

われわれの現状は、埃りと騒音に紛れ、雑踏に苛まれ、あくせく追われる仕事に、日々の不安は健全な精神生活を妨げる圧迫感となり、まさに現実はストレス症状を呈している。

プレイブックスは、それらすべてのうっ積を吹きとばし、自由闊達な活動力を培養し、勇気と自信を生みだす最も楽しいシリーズたらんことを、われわれは鋭意貫かんとするものである。

—創始者のことば— 小澤和一

著者紹介

植西 聰〈うえにし あきら〉

東京都出身。学習院大学卒業後、資生堂に勤務。

独立後、「心理学」「東洋思想」「ニューソート哲学」などに基づいた人生論の研究に従事。

1986年(昭和61年)、20年間の研究成果を体系化した『成心学』理論を確立し、人々に喜びと安らぎを与える著述活動を開始。

著書に67万部のベストセラー『折れない心をつくる　たった1つの習慣』(青春新書プレイブックス)、『怒らないコツ』(自由国民社)、『人生が劇的に好転する グチ癖リセット術』(大和書房)などがある。

自己肯定感《じここうていかん》を育《そだ》てる たった1つ《ひと》の習慣《しゅうかん》

青春新書 PLAYBOOKS

2019年3月1日　第1刷

著　者　植《うえ》西《にし》　聰《あきら》

発行者　小澤源太郎

責任編集　株式会社プライム涌光

電話　編集部　03(3203)2850

発行所　東京都新宿区若松町12番1号 〒162-0056　株式会社青春出版社

電話　営業部　03(3207)1916　振替番号　00190-7-98602

印刷・図書印刷　製本・フォーネット社

ISBN978-4-413-21130-7

青春新書 PLAYBOOKS

人生を自由自在に活動する——プレイブックス

〝座りっぱなし〟でも病気にならない1日3分の習慣
池谷敏郎
上半身を動かすだけでも血行障害を改善できる。テレビで大人気の〝血管先生〟が高血圧、糖尿病、脂質異常、心臓病、脳卒中、認知症、便秘、うつ…の予防法を解説！
P-1112

まいにち絶品！「サバ缶」おつまみ
きじまりゅうた
タパス、カフェ風、居酒屋メニュー…パカッと、おいしく大変身！
P-1113

大切な人ががんになったとき…生きる力を引き出す寄り添い方
樋野興夫
「傷つける会話」と「癒す対話」を分けるものは何か。3千人以上のがん患者・家族と個人面談をつづけてきた著者が贈る「がん哲学外来」10年の知恵。
P-1114

日本人の9割がやっている残念な習慣
ホームライフ取材班［編］
やってはいけない！損する！危ない！効果なし！の130項目。
P-1115

お願い　ページわりの関係からここでは一部の既刊本しか掲載してありません。折り込みの出版案内もご参考にご覧ください。

青春新書 PLAYBOOKS

人生を自由自在に活動する――プレイブックス

日本人の9割がやっている間違いな選択

ホームライフ取材班［編］

どっちを選べば正解か⁉ そんな⁉ まさか！ がっかり…な141項目

P-1121

55歳からのやってはいけない山歩き

野村 仁

ケガや事故のリスクを避け自分のペースで安心して満喫するコツ

P-1119

教科書には載っていない日本地理の新発見

現代教育調査班［編］

きっと誰かに話したくなる「そうだったのか！」が満載

P-1122

栄養と味、9割も損してる！残念な料理

ホームライフ取材班［編］

それ、台無しです！ 〝料理の常識〟は間違いだらけ⁉

P-1123

お願い ページわりの関係からここでは一部の既刊本しか掲載してありません。折り込みの出版案内もご参考にご覧ください。